GÉOMÉTRIE ÉLÉMENTAIRE

ANGERS, IMPRIMERIE BURDIN ET Cⁱᵒ, RUE GARNIER, 4.

COURS COMPLET
D'ENSEIGNEMENT SECONDAIRE SPÉCIAL

GÉOMÉTRIE

ÉLÉMENTAIRE

RÉDIGÉE

Conformément aux programmes officiels du 10 août 1886.

PAR

M. HÉBOS,

ancien élève
de l'École normale supérieure,
agrégé des sciences,
Inspecteur
de l'Académie de Paris.

M. BURAT,

ancien élève
de l'École normale supérieure,
agrégé des sciences,
professeur de mathématiques
au lycée Louis-le-Grand.

TROISIÈME ET QUATRIÈME ANNÉES
GÉOMÉTRIE DANS L'ESPACE

PARIS

LIBRAIRIE CH. DELAGRAVE

15, RUE SOUFFLOT, 15

—

1887

GÉOMÉTRIE DANS L'ESPACE

LIVRE V

DU PLAN

CHAPITRE PREMIER

PREMIÈRES NOTIONS SUR LE PLAN

381. Définition. Nous avons déjà défini (6) la surface à laquelle on donne le nom de *plan :* c'est une surface sur laquelle on peut appliquer exactement une ligne droite dans tous les sens ; en d'autres termes, la ligne droite qui joint deux points quelconques d'un plan a tous ses points dans ce plan.

Conséquence. Il résulte de cette définition qu'*une ligne droite ne peut rencontrer un plan en plus d'un point ;* car, si elle avait deux points communs avec le plan, elle y serait contenue tout entière. Lorsqu'une droite rencontre un plan, le point d'intersection s'appelle le *pied* de la droite dans le plan.

La nature nous offre des exemples nombreux de surfaces planes : telle est la surface d'un liquide en repos ; les faces d'un cristal sont aussi des portions de plan. Dans les arts industriels, on rencontre à chaque instant cette surface, et il est peu de métiers où les ouvriers n'aient pas besoin de façonner un corps de manière à lui donner des faces planes. Ils s'assurent toujours qu'une surface est plane en y appliquant une règle bien droite dans différentes positions ; la règle doit être partout en contact avec la surface : c'est le procédé qu'emploient à chaque instant les menuisiers, les marbriers, les tailleurs de pierres, les ouvriers qui polissent les glaces, etc.

382. Dans tout le cours du livre V, nous supposerons les plans indéfinis ; toutefois, pour rendre les figures plus claires, nous représenterons les plans limités, en leur donnant la forme d'un parallélogramme ; c'est ainsi que l'on doit dessiner un rectangle quand on le regarde obliquement. Nous désignerons un plan par deux lettres ou même par une seule ; ainsi nous dirons le plan MN, ou le plan M (fig. 1).

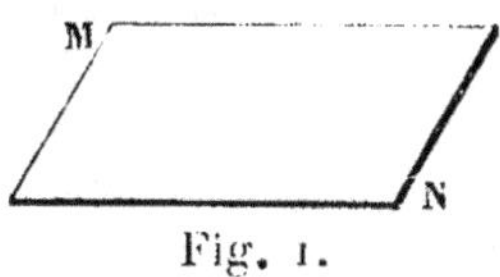

Fig. 1.

Il importe de remarquer que les figures relatives à la géométrie de l'espace, comprenant des lignes et des points situés dans des plans différents, ne peuvent pas être reproduites sur une feuille de papier ; il faut, pour les représenter exactement, employer des planchettes de bois ou des feuilles de carton pour les plans, des fils ou des tiges métalliques pour les lignes ; les figures ainsi construites s'appellent des *figures en relief*, et sont très commodes pour l'étude de la géométrie. Supposons maintenant qu'on dessine ces figures suivant les règles ordinaires de la perspective, on aura des dessins qui pourront remplacer les modèles en relief ; ce sont des dessins de cette nature qui nous serviront pour expliquer les propriétés des figures de l'espace. Il est d'ailleurs indispensable de s'habituer à l'emploi de ces dessins ; on comprend en effet qu'il serait impossible de faire un modèle en relief, toutes les fois qu'on voudrait démontrer un théorème, ou résoudre un problème sur des plans, des lignes et des points disposés d'une manière quelconque dans l'espace [1].

383. THÉORÈME. *Par une droite et un point pris hors de cette droite, on peut toujours faire passer un plan, et on n'en peut faire passer qu'un.*

DÉMONSTRATION. Soient AB la droite donnée et C le point donné ; par la droite AB nous pouvons toujours faire passer un plan quelconque, M ; faisons ensuite tourner ce plan autour de AB jusqu'à ce qu'il contienne le point donné C ; il est clair que la position du plan mobile sera alors complètement déterminée. En d'autres termes, on peut toujours mener un plan par la droite AB et le point C ; et, de plus, tout autre plan mené par la droite AB ne contiendra pas le point C. On peut rendre cette démonstration sensible par une expérience journalière : le battant d'une porte qui tourne autour des charnières nous représente le plan mobile tournant autour d'une droite,

Fig. 2.

et l'on sait que, pour déterminer la position de cette porte, il suffit d'amener sa surface à passer par un point donné, par exemple, de faire arriver le pène de la serrure dans la gâche fixée au cadre de la porte.

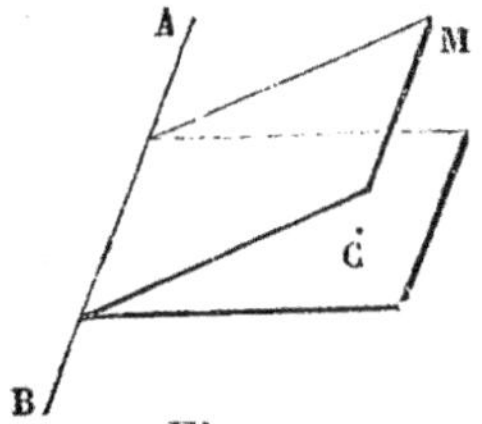

384. COROLLAIRE I. *Par trois points* A, B, C, *non situés en ligne droite, on peut faire passer un plan, et on n'en peut faire passer qu'un.*

---

1. On peut employer avec avantage dans l'enseignement de petites planchettes de liége pour figurer les plans, et des baguettes armées de pointes pour représenter les lignes. On construit ainsi en relief la plupart des figures relatives aux propriétés du plan, et ces figures en relief sont souvent utiles pour les démonstrations ; mais il faut que les élèves dessinent en même temps sur le papier la figure construite, et s'habituent peu à peu à *voir dans l'espace*, c'est-à-dire à se représenter exactement la position de tous les éléments d'une figure de l'espace, en se servant seulement d'un dessin en perspective.

Joignons les deux points A et B par une ligne droite :

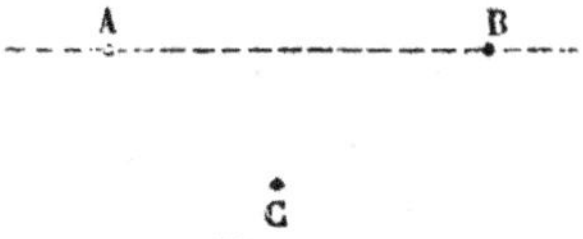

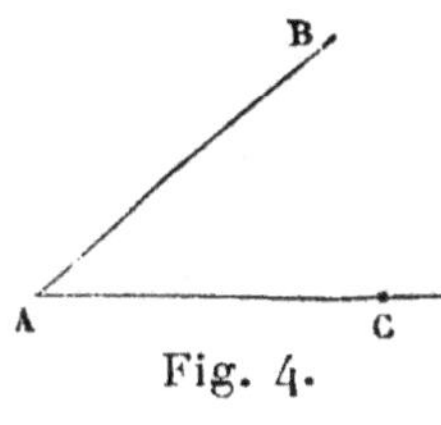
Fig. 3.

tout plan passant par les deux points A et B, contient la droite AB ; et réciproquement, tout plan qui contient la droite AB, passe par les deux points A et B ; or la droite AB et le point C déterminent la position d'un plan ; donc il en est de même des trois points A, B, C ; c. q. f. d.

385. COROLLAIRE II. *Deux droites* AB, AC, *qui se coupent, déterminent la position d'un plan.*

Fig. 4.

Prenons un point C quelconque sur la droite AC ; tout plan qui passe par les deux points A et C contient la droite AC tout entière ; or, par la droite AB et le point C, on peut mener un plan et on n'en peut mener qu'un ; donc les deux droites AB et AC déterminent un plan, et n'en déterminent qu'un.

386. COROLLAIRE III. *Deux droites parallèles* AB *et* CD *déterminent un plan.*

En effet, deux droites parallèles sont toujours dans un même plan ; cela résulte de leur définition même (83) ; de plus, on ne peut mener qu'un plan par ces deux droites ; car on ne peut faire passer qu'un plan par la droite AB et un point C quelconque pris sur la droite CD.

Fig. 5.

Il résulte de là que *par un point* C, *donné hors d'une droite* AB, *on ne peut mener qu'une parallèle à cette droite ;* car toute parallèle à AB menée par le point C doit être contenue dans le plan déterminé par la droite AB et le point C ; et l'on sait que, dans un plan, on ne peut mener par un point qu'une seule parallèle à une droite (85).

387. REMARQUE. Deux droites AB et CD (fig. 6), données d'une manière quelconque dans l'espace, ne sont pas généralement situées dans un même plan ; cela n'arrive que lorsque les deux droites se coupent ou qu'elles sont parallèles. En effet, par la droite AB et un point E pris à volonté sur la droite CD, menons un plan M ; si ce plan contient la droite CD, cette droite coupera AB ou lui sera parallèle ; mais, en général, la droite CD traversera le plan M et n'aura qu'un point commun avec lui. Dans ce cas, aucun autre plan ne pourra contenir à la fois les droites AB et CD ; car, s'il en

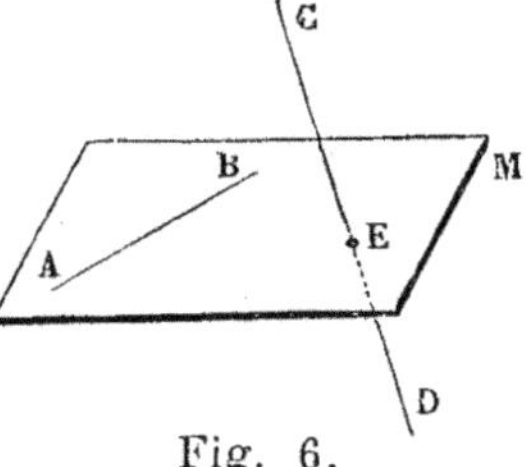

Fig. 6.

existait un, il devrait coïncider avec le plan M, puisqu'il contiendrait la droite AB et le point E ; or, nous avons supposé que le plan M ne contient pas la droite CD.

388. APPLICATIONS. Les propositions qui précèdent fournissent plusieurs moyens d'obtenir une surface plane par le mouvement d'une droite.

Considérons en premier lieu deux droites AB et AC qui se coupent, et le plan M déterminé par ces deux droites (fig. 7) ; supposons qu'une droite DE se meuve en s'appuyant constamment sur les deux droites fixes AB et AC ; dans toutes ses positions, la droite mobile aura deux points dans le plan M, et par suite y sera contenue tout entière ; donc on peut considérer le plan M comme décrit par la droite mobile DE, assu-

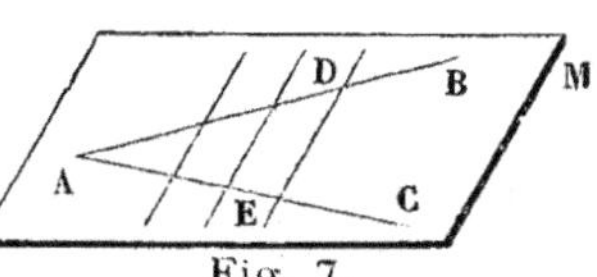

Fig. 7.

jettie à rencontrer constamment les deux droites fixes AB et AC ; c'est ce qu'on exprime en disant que le plan est *engendré* par le mouvement de cette droite DE. On arriverait au même résultat si l'on supposait les droites fixes parallèles au lieu de les supposer concourantes.

Donc *un plan peut être engendré par une droite mobile assujettie à rencontrer constamment deux droites fixes concourantes ou parallèles.*

Considérons en second lieu une droite fixe AB, et une droite mobile CD assujettie à rencontrer constamment la droite fixe, et de plus à rester toujours parallèle à une direction fixe (fig. 8) : je dis qu'elle engendrera encore un plan. En effet, soient CD et C′D′, deux positions de la droite mobile ; C et C′, les points où ces deux droites rencontrent la droite fixe AB ; le plan des deux parallèles CD et C′D′ renfermant les points C et C′, contiendra la droite AB tout entière ; ce plan coïncide donc avec le plan M conduit par les deux droites AB et CD ; la droite mobile, dans toutes ses positions, fera donc partie du plan M. On voit donc qu'*un plan peut être engendré par le*

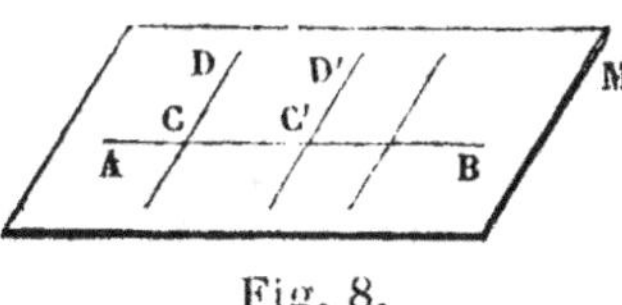

Fig. 8.

mouvement d'une droite qui se meut parallèlement à elle-même en s'appuyant sur une droite donnée.

Ces deux modes de génération d'un plan sont fréquemment employés dans les arts industriels. Ainsi le briquetier, pour façonner les briques, remplit d'argile une petite caisse rectangulaire jusqu'au-dessus des bords, puis il fait glisser une règle d'un mouvement continu de manière qu'elle s'appuie constamment sur deux côtés consécutifs ou sur deux côtés opposés de la caisse ; dans ce mouvement, la règle enlève tout ce qui dépasse le moule, et la surface obtenue est plane, puisqu'elle est engendrée par le mouvement d'une droite qui s'appuie constamment sur deux droites fixes concourantes ou parallèles. De même les charpentiers, les menuisiers, les scieurs de long qui veulent scier une pièce de bois de manière à obtenir une face plane, tracent sur deux faces adjacentes ou opposées de la pièce de bois deux lignes droites concourantes ou parallèles ; puis ils font mouvoir la scie de manière que le tranchant rencontre toujours les deux droites fixes ; la surface qu'elle engendre ainsi est un plan pour la même raison que précédemment. Les tailleurs de pierres opèrent d'une manière analogue ; ils tracent deux lignes droites concourantes ou parallèles, et enlèvent avec le ciseau tout ce qui dépasse le plan de ces deux lignes droites ; et pour vérifier que la surface qu'ils travaillent est bien plane, ils y appliquent de temps en temps une règle ; cette règle doit être partout en contact avec la surface, et de plus rencontrer toujours les deux droites fixes préalablement tracées. On pourrait citer encore un grand nombre d'autres applications de cette manière d'engendrer une surface plane.

389. THÉORÈME. *Lorsque deux plans se coupent, leur intersection est une ligne droite.*

DÉMONSTRATION. Soient M et P deux plans qui se coupent, et soient A et B deux points communs à ces plans ; la droite AB qui joint ces deux points sera contenue tout entière dans chacun des deux plans. Les deux plans ne pourront pas avoir de point commun en dehors de cette droite, car alors ils coïnci-

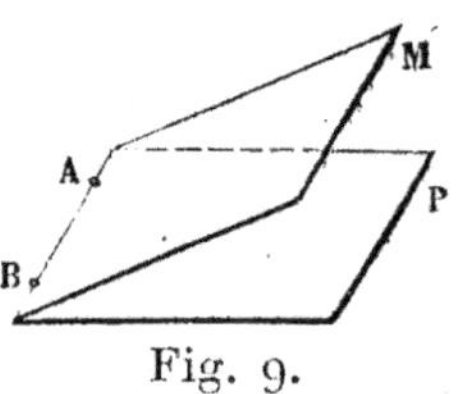

Fig. 9.

deraient, puisqu'une droite et un point qui lui est extérieur ne déterminent qu'un plan ; donc la ligne droite AB est l'intersection des deux plans ; C. Q. F. D.

390. APPLICATIONS. C'est en s'appuyant sur cette propriété que les menuisiers façonnent les règles ; ils commencent par rendre plane l'une des faces de la règle au moyen du rabot ; en plaçant l'œil dans le prolongement de cette face, ils s'assurent qu'elle n'offre aucune saillie appréciable, c'est-à-dire qu'un rayon lumineux peut s'appliquer exactement sur la surface dans toutes les directions ; ils opèrent de même sur la face contiguë de la règle ; l'intersection des deux faces est alors une ligne droite. C'est encore en vertu de cette propriété que les arêtes de nos meubles, les lignes d'intersection de deux murailles sont des lignes droites.

Les dessinateurs et les peintres font aussi une application de ce théorème, lorsqu'ils veulent dessiner des corps terminés par des arêtes rectilignes ; en effet, dans les arts du dessin, on imagine que l'on mène par l'œil de l'observateur des lignes droites à tous les points de l'objet que l'on veut représenter ; ces rayons visuels rencontrent un plan fixe appelé *tableau*, et y tracent une image de l'objet, tel qu'il est vu par l'œil ; cette image s'appelle la *perspective* de l'objet. Cela posé, supposons qu'on veuille tracer la perspective d'une ligne droite ; tous les rayons visuels aboutissant à la droite seront contenus dans le plan déterminé par cette droite et l'œil du spectateur, et par conséquent la perspective de la droite sera l'intersection de ce plan avec le plan du tableau, c'est-à-dire une autre ligne droite ; ainsi toute arête rectiligne d'un corps devra être représentée par une ligne droite sur un dessin en perspective. On démontrerait de même que l'ombre portée sur un plan par une arête rectiligne est aussi une ligne droite.

Problèmes à résoudre.

1. Trois plans n'ont, en général, qu'un seul point commun.

2. Par un point donné mener une droite qui rencontre deux autres droites données.

3. Étant données trois droites non situées dans le même plan, montrer que l'on peut mener une infinité d'autres droites qui rencontrent à la fois les trois premières ?

4. Une droite et une circonférence étant données dans des plans différents, mener par un point donné une droite qui les rencontre toutes les deux. Le problème est-il toujours possible ?

5. Étant données une circonférence et deux droites non situées dans le plan de cette circonférence, on peut mener une infinité de droites qui s'appuient à la fois sur les deux droites et sur la circonférence données.

6. Si une droite est éclairée par un point lumineux de dimensions très petites, l'ombre portée sur un plan quelconque est une ligne droite (ombre ou flambeau).

7. Si une droite est éclairée par des rayons parallèles, l'ombre portée sur un plan quelconque est une ligne droite (ombre au soleil).

8. Si plusieurs droites sont parallèles, leurs perspectives passent par un même point ; ce point est l'intersection du plan du tableau avec la parallèle menée par l'œil aux droites données.

CHAPITRE II

391. Définitions. Une ligne droite et un plan qui se coupent sont dits *perpendiculaires*, lorsque la ligne droite est perpendiculaire à toutes les droites qui passent par son pied dans le plan.

Lorsqu'une ligne droite rencontre un plan et qu'elle ne lui est pas perpendiculaire, elle est dite *oblique* à ce plan.

392. Théorème. *Lorsqu'une droite est perpendiculaire à deux droites qui passent par son pied dans un plan, elle est perpendiculaire à ce plan.*

Démonstration. Soit AB une droite qui rencontre le plan MN au point B, et qui est perpendiculaire aux deux droites BC et BD menées dans ce plan par son pied ; je dis que cette droite AB est perpendiculaire à toutes les droites qui passent par son pied dans ce même plan. En

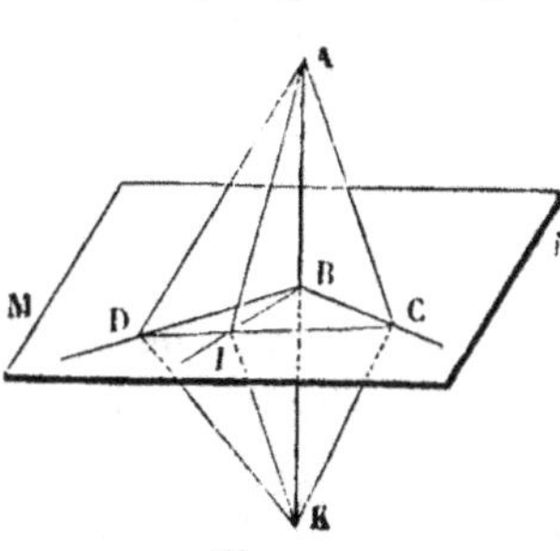

Fig. 10.

effet, soit BI une droite quelconque menée dans le plan MN par le point B ; je trace dans ce plan une autre ligne droite qui rencontre aux points C, D et I les trois droites BC, BD, BI ; puis je prolonge la droite AB au-dessous du plan MN d'une longueur BK égale à AB, et je joins AC, AD, AI, KC, KD, KI.

Dans le plan déterminé par la droite AK et le point C, la ligne BC est perpendiculaire au milieu de AK ; donc CA = CK (67); pour la même raison, DA = DK. Alors les deux triangles ACD, KCD ont les trois côtés égaux chacun à chacun ; donc ils sont égaux (54), et l'angle ACD est égal à l'angle KCD. Les deux triangles ACI, KCI, ont alors le côté CI commun, le côté AC égal à KC, et l'angle ACI égal à l'angle KCI; ces triangles sont donc égaux (51), et AI = KI; il résulte de là que le triangle AIK est isocèle, et par conséquent la ligne IB, qui joint le sommet de ce triangle au milieu de la base AK, est perpendiculaire à cette base (58). La ligne AB est donc perpendiculaire à une ligne quelconque BI passant par son pied dans le plan MN; en d'autres termes, elle est perpendiculaire à ce plan; C. Q. F. D.

393. THÉORÈME. *Par un point donné quelconque, on peut toujours mener une perpendiculaire à un plan M.*

DÉMONSTRATION. Je distinguerai deux cas, suivant que le point donné est dans le plan ou extérieur au plan.

1° Soit P le point donné dans le plan M (fig. 11); dans ce plan je mène une droite quelconque AB, et du point P j'abaisse une perpendiculaire PA sur cette droite. Dans un plan quelconque mené par AB, je mène AO perpendiculaire à AB, et dans le plan des deux droites PA, AO, j'élève PO perpendiculairement à PA; cette ligne PO est perpendiculaire au plan M. En effet, soit PB une droite quelconque menée dans ce plan par le point P; je prolonge PO au-dessous du plan d'une longueur PO′ = PO et je joins OB, O′A, O′B. La droite BA, perpendicu-

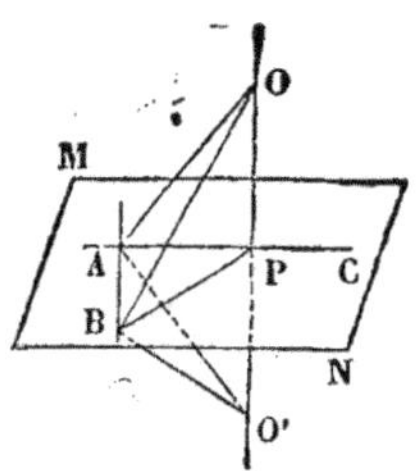

Fig. 11.

laire à la fois aux deux droites PA, AO, est perpendiculaire à leur plan PAO (392), et par suite à la droite AO′ qui passe par son pied dans ce plan; les angles BAO, BAO′ sont donc égaux comme droits. Dans le plan OAO′, AP est perpendiculaire au milieu de OO′; donc (67) AO = AO′. Alors les deux triangles OAB, O′AB ont le côté AB commun, AO = AO′ et l'angle BAO = BAO′; ils sont donc égaux et BO = BO′; le triangle OBO′ est isocèle; par conséquent, la droite BP qui joint le sommet au milieu de la base est perpendiculaire à OP. La droite OP, perpendiculaire aux deux droites PA, PB qui passent par son pied dans le plan M, est perpendiculaire à ce plan (392). C. Q. F. D.

2° Soit O le point donné hors du plan M. Dans ce plan je mène une droite quelconque AB, et du point O j'abaisse sur AB la perpendiculaire OA ; par le point A dans le plan M, je mène AP perpendiculaire à AB, et dans le plan OAP, j'abaisse la ligne OP perpendiculaire à AP ; OP est perpendiculaire au plan M (même démonstration que dans le premier cas).

394. PROBLÈME. *Mener par un point donné une perpendiculaire à un plan donné.*

SOLUTION. On pourrait résoudre ce problème à l'aide des constructions indiquées dans la démonstration du théorème précédent ; mais il est plus commode, dans la pratique, d'employer un instrument spécial, appelé *équerre à trois branches.* Il consiste essentiellement dans la réunion de deux équerres AOC, BOC, situées dans des plans différents, ayant même sommet O, et deux côtés de l'angle droit juxtaposés suivant la ligne OC (fig. 12) ; habituellement les deux autres côtés OA et OB des deux équerres sont aussi perpendiculaires, de telle manière que les trois angles AOB, AOC, BOC sont droits ; mais cette dernière condition n'est pas

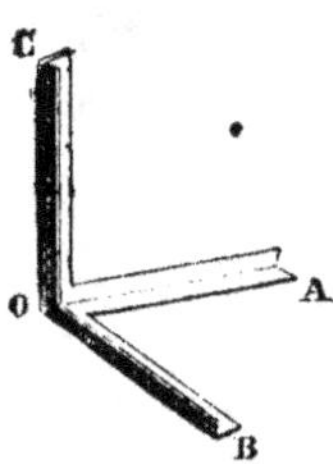
Fig. 12.

nécessaire. Ce petit instrument peut être fait en fer ou en bois ; dans ce dernier cas les deux équerres AOC, BOC sont ordinairement des planchettes rectangulaires, qui figurent à peu près un livre ouvert.

Enfin on peut encore faire une équerre à trois branches avec une feuille de papier fort qu'on plie par le milieu, de manière que les deux parties d'un même bord s'appliquent exactement l'une sur l'autre ; on ouvre alors la feuille de papier, et on a une équerre à trois branches dans laquelle le pli de la feuille de papier figure l'arête OC de la figure précédente, et les bords perpendiculaires sont les arêtes OA et OB.

Cela posé, proposons-nous de mener une perpendiculaire au plan M, soit par un point O donné dans ce plan, soit par un point I extérieur à ce plan. Plaçons l'équerre à trois branches de manière que les deux arêtes OA et OB soient appliquées sur le plan donné, et que la troisième arête OC passe par le point donné ; cette ligne OC sera alors

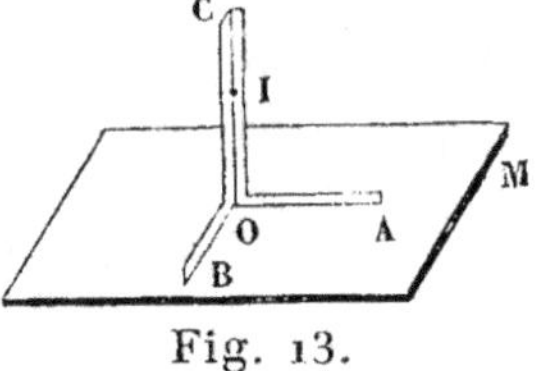

Fig. 13.

perpendiculaire au plan M, puisqu'elle est perpendiculaire aux deux droites OA et OB qui passent par son pied dans ce plan.

Quand le point donné est un point I extérieur au plan, il faut, après avoir fixé la position de l'équerre à trois branches, marquer dans le plan le pied O de la perpendiculaire.

Ce procédé n'est pas applicable quand on veut mener une perpendiculaire à un plan par un point extérieur très éloigné, parce que la branche OC de l'équerre est alors trop courte ; il faut employer un autre moyen que nous indiquerons plus tard (404).

395. THÉORÈME. *Par un point donné on ne peut mener qu'une perpendiculaire à un plan donné.*

DÉMONSTRATION. 1° Supposons d'abord le point donné A situé dans le plan donné M (fig. 14) ; soient AB une perpendiculaire au plan M, et AC une autre ligne quelconque menée par le point A ; je dis qu'elle est oblique au plan M. En effet, par les deux droites AB et AC, faisons passer un plan qui coupe le plan M suivant la ligne DE ; la ligne AB, perpendiculaire au plan M, est perpendiculaire à la ligne DE qui passe par son pied dans ce plan ; mais on sait que dans le plan des trois

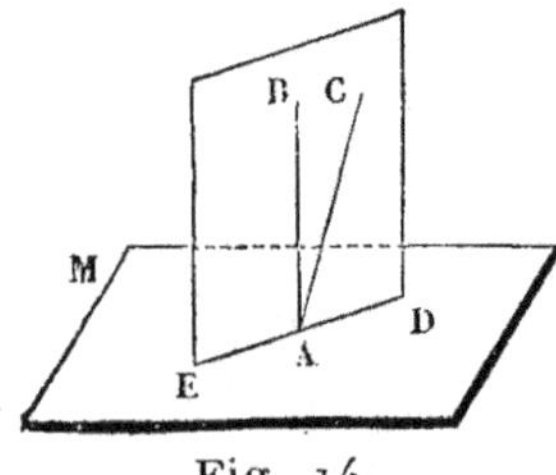

Fig. 14.

droites AB, AC, DE, on ne peut mener, par le point A, qu'une perpendiculaire à la ligne DE ; donc la ligne AC est oblique à la ligne DE qui passe par son pied dans le plan M, et par suite elle est oblique à ce plan (391) ; C. Q. F. D.

2° Supposons maintenant le point donné A extérieur au plan M (fig. 15) ; menons la ligne AD perpendiculaire

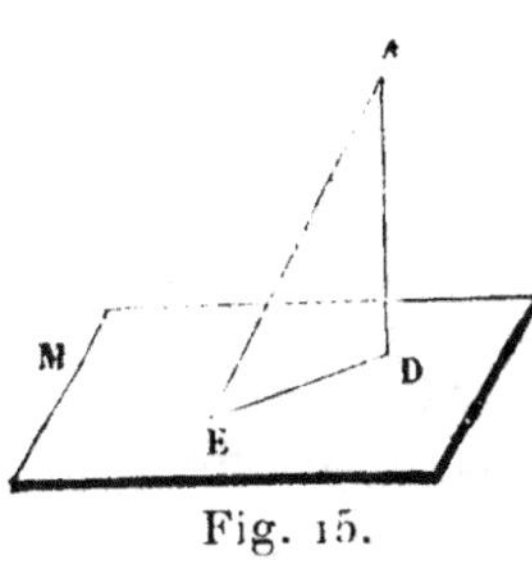

Fig. 15.

au plan M, et une autre droite quelconque AE ; je dis que cette ligne est oblique au plan. En effet, joignons les points D et E des deux lignes AD et AE ; la ligne AD, perpendiculaire au plan M, est perpendiculaire à DE ; le triangle ADE est donc rectangle en D ; par conséquent AE est oblique à la ligne DE qui passe par son pied dans le plan M ; donc elle est oblique à ce plan ; C. Q. F. D.

396. PROBLÈME. *Par un point donné O, mener un plan perpendiculaire à une droite donnée AB.*

SOLUTION. 1° Je suppose d'abord que le point donné O

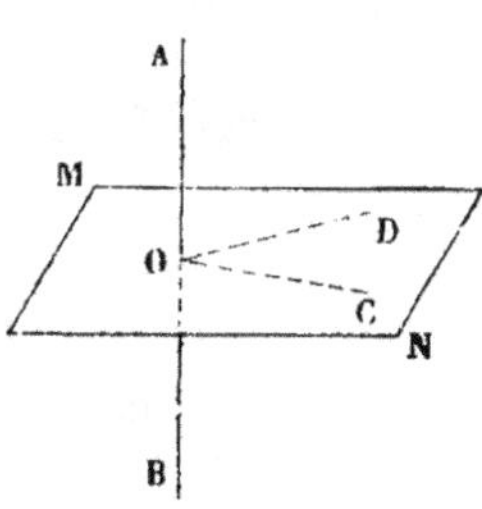

Fig. 16.

soit sur la droite AB (fig. 16) ; par cette droite, je fais passer deux plans, et dans chacun d'eux, je mène par le point O, des lignes OC et OD, perpendiculaires à AB ; enfin, par ces deux droites OC et OD, je conduis un plan MN ; c'est le plan demandé ; car, d'après la construction, la droite AB est perpendiculaire à deux droites OC et OD qui passent par son pied dans ce plan ; elle est donc perpendiculaire au plan MN (392) ; en d'autres termes, le plan MN est perpendiculaire à AB.

2° Supposons, en second lieu, le point donné O extérieur à la droite AB (fig. 17). Par la droite AB et le point O,

faisons passer un plan, et, dans ce plan, abaissons du
point O une perpendiculaire OP
sur AB; par la droite AB, menons un second plan, et, dans ce
plan, traçons PC perpendiculaire
à AB; le plan MN qui passe par
les deux droites OP et PC est le
plan demandé; car, d'après la construction, la ligne AB est perpendiculaire aux deux droites PO et
PC, menées par son pied dans le
plan MN; donc elle est perpendiculaire à ce plan (392).

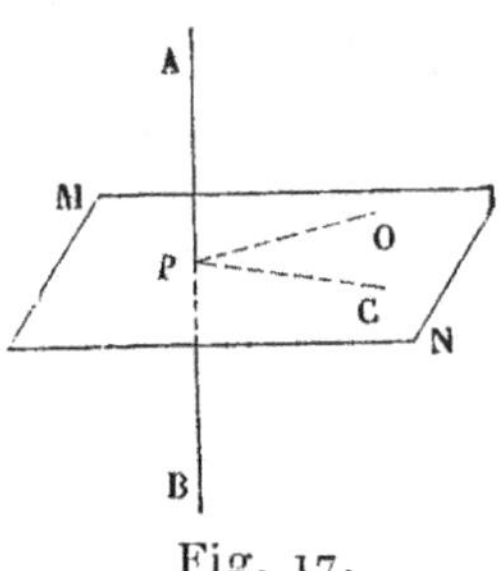

Fig. 17.

397. Application. Le procédé que nous venons de
donner pour mener un plan perpendiculaire à une droite
est employé à chaque instant, dans les
arts industriels, par les charpentiers, les
menuisiers, les tailleurs de pierres, etc.
Supposons, par exemple, qu'un char-
pentier veuille *couper d'équerre* la pièce
de bois AB (fig. 18); il faut d'abord que
deux des faces de cette pièce de bois aient
été rendues planes, de manière que leur
intersection AB soit une ligne droite.
Alors, par un point C de cet arête, on
mène, dans les deux faces, des perpendiculaires CD, CE à la ligne AB; et on

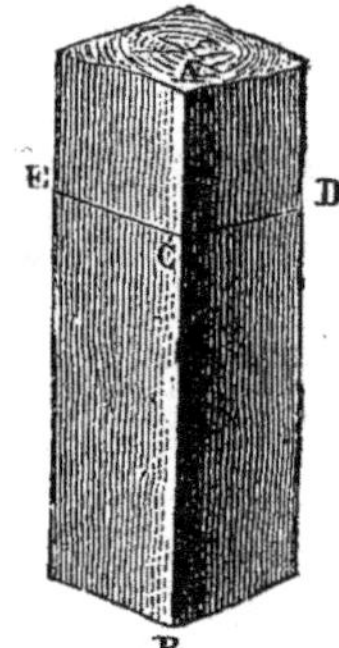

Fig. 18.

scie la pièce, de manière que le tranchant de la scie
s'appuie constamment sur les deux droites CD et CE;
le plan ainsi engendré est perpendiculaire à AB. La
même construction sert aux tailleurs de pierres pour
exécuter un parement perpendiculaire à l'intersection de
deux faces planes.

398. Théorème. *Par un point donné* A, *on ne peut
mener qu'un plan perpendiculaire à une droite donnée*
BC.

DÉMONSTRATION. 1° Supposons d'abord le point A situé sur la droite BC (fig. 19) ; soient M un plan perpendiculaire à cette droite, mené par le point A, et N un autre

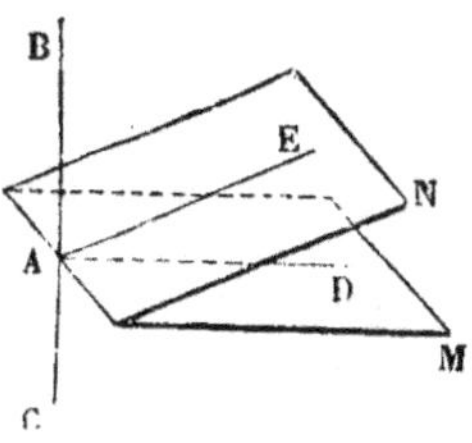

Fig. 19.

plan passant aussi par le point A ; je dis qu'il est oblique à la droite BC. En effet, par la droite BC, menons un plan quelconque qui coupe les deux plans M et N suivant les droites AD et AE ; BC, perpendiculaire au plan M, est perpendiculaire à la droite AD qui passe par son pied dans ce plan, et comme les trois droites BC, AD et AE sont dans un même plan, BC, qui est perpendiculaire à AD, est oblique à AE (61) : donc aussi BC est oblique au plan N ; c. q. f. d.

2° Supposons maintenant le point A extérieur à la droite BC (fig. 20) ; par ce point, je mène le plan M perpendi-

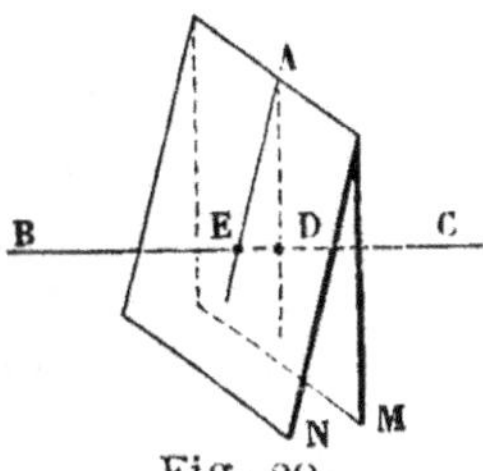

Fig. 20.

culaire à BC et un autre plan N quelconque ; je dis que le plan N est oblique à BC. En effet, soient D et E les points où les plans M et N rencontrent BC ; je joins AD et AE ; la ligne BC, perpendiculaire au plan M, est perpendiculaire à la droite AD qui passe par son pied dans ce plan ; alors le triangle ADE est rectangle en D, et la ligne AE est oblique à BC ; donc aussi BC est oblique au plan N qui contient la ligne AE ; c. q. f. d.

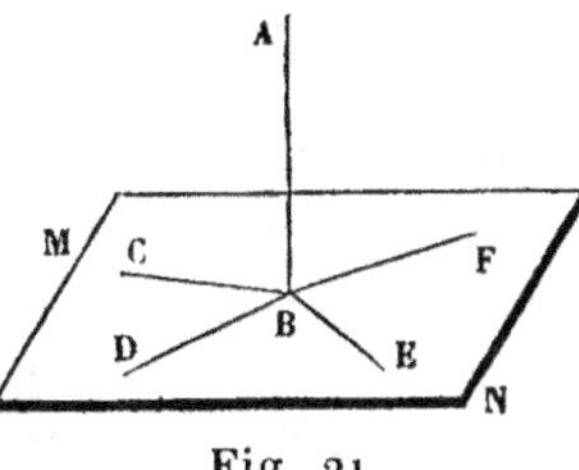

Fig. 21.

399. COROLLAIRE. *Si, par un point B d'une droite AB, on lui élève autant de perpendiculaires qu'on voudra, BC, BD, BE, etc., toutes ces perpendiculaires sont contenues dans un même plan perpendiculaire à la droite AB (fig. 21).*

En effet, deux quelconques de ces lignes déterminent un plan MN perpendiculaire à la droite AB au point B ; or, par le point B, on ne peut mener qu'un plan perpendiculaire à AB ; donc il contient toutes les perpendiculaires BC, BD, BE, BF ; C. Q. F. D.

400. APPLICATION. Le corollaire précédent fournit un nouveau mode de génération de la surface plane : il suffit de faire mouvoir une droite mobile, de manière qu'elle soit toujours perpendiculaire à une droite fixe AB en un point B. C'est ainsi que, lorsque le battant d'une porte tourne autour de sa charnière, le bord inférieur, qui est d'équerre sur la charnière, reste toujours dans un même plan perpendiculaire à cette charnière ; quand la porte est bien construite, ce plan est celui du plancher.

Cette manière d'engendrer un plan est mise à profit dans bien des circonstances. Supposons, par exemple, une roue ou un disque mobile autour d'un axe perpendiculaire à son plan ; il résulte visiblement du corollaire précédent que, dans le mouvement de rotation, le plan du disque ne changera pas, et que chaque point décrira une circonférence ayant son centre sur l'axe ; c'est en vertu de ce principe qu'on peut employer le tour à dresser des plans, en maintenant l'outil tranchant dans une direction fixe perpendiculaire à l'axe de rotation.

401. THÉORÈME. *Si, d'un point* A, *pris hors d'un plan* M, *on lui mène la perpendiculaire* AB *et diverses obliques,*

1° *La perpendiculaire est plus courte que toute oblique ;*

2° *Deux obliques qui s'écartent également du pied de la perpendiculaire sont égales ;*

3° *De deux obliques qui s'écartent inégalement du pied de la perpendiculaire, celle qui s'en écarte le plus est la plus grande.*

DÉMONSTRATION. 1° Soit AC une oblique au plan M (fig. 22) ; je joins les pieds B et C de la perpendiculaire et de l'oblique ; la ligne AB, perpendiculaire au plan M, est perpendiculaire à BC ; et, par conséquent, AC est oblique à cette même ligne BC ; donc la ligne AB est plus courte que la ligne AC (62) ; c. q. f. d.

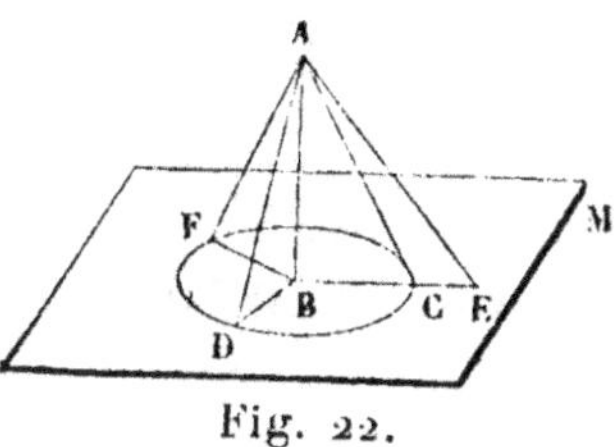

Fig. 22.

2° Soient AC et AD deux obliques également écartées du pied de la perpendiculaire, c'est-à-dire telles que BC soit égale à BD ; je dis que AC = AD. En effet, les deux triangles ABC, ABD sont rectangles en B ; ils ont, de plus, le côté AB commun, le côté BC égal au côté BD par hypothèse ; donc ils sont égaux (51) ; et, par suite, AC = AD ; c. q. f. d.

3° Soient AD et AE deux obliques inégalement écartées du pied B de la perpendiculaire, et supposons BD < BE ; je dis que AD est plus courte que AE. En effet, je prends sur BE une longueur BC égale à BD, et je joins AC ; les deux obliques AD et AC sont égales (2°) ; or, dans le plan ABE, AC et AE sont obliques à la ligne BE, et la première est la plus rapprochée du pied B de la perpendiculaire ; donc AC est moindre que AE (62) ; et comme AD = AC, il résulte que AD est plus petite que AE ; c.   d.

402. REMARQUE. La perpendiculaire abaissée d'un point sur un plan est la ligne la plus courte qu'on puisse mener de ce point au plan ; pour cette raison, on est convenu de prendre la longueur de cette perpendiculaire pour mesure de la *distance du point au plan.*

403. COROLLAIRE. *Si, du point* A *on mène des obliques égales* AC, AD, AF, *etc., au plan* M, *les pieds de toutes ces obliques sont sur une circonférence de cercle ayant pour centre le pied* B *de la perpendiculaire abaissée du point* A *sur le plan.*

Car ces obliques, étant égales, doivent être également écartées du pied de la perpendiculaire.

404. Problème. *D'un point* A *extérieur à un plan* M, *abaisser une perpendiculaire sur ce plan* (fig. 22).

Solution. Au moyen d'un fil tendu, d'une tige solide ou d'un compas à verge, on marque dans le plan M trois points C, D, F, également distants du point A ; on détermine ensuite le centre B de la circonférence passant par les points C. D, F (125) ; la ligne AB sera la perpendiculaire demandée ; cela est évident, en vertu du corollaire précédent.

405. Théorème. *Si , par le milieu* C *d'une droite* AB, *on mène un plan* M *perpendiculaire à cette droite,*

1° *Tout point pris dans ce plan est également distant des extrémités de la droite ;*

2° *Tout point également distant des extrémités de la droite* AB *est situé dans le plan* M (fig. 23).

Démonstration. 1° Soit D un point quelconque du plan M ; je joins ce point aux points A et B ; la droite AB perpendiculaire au plan M, est perpendiculaire à la droite CD qui passe par son pied dans ce plan ; alors dans le plan des trois points A, B, D, la droite CD est perpendiculaire au milieu de AB ; donc DA $=$ BD (67) ; c. q. f. d.

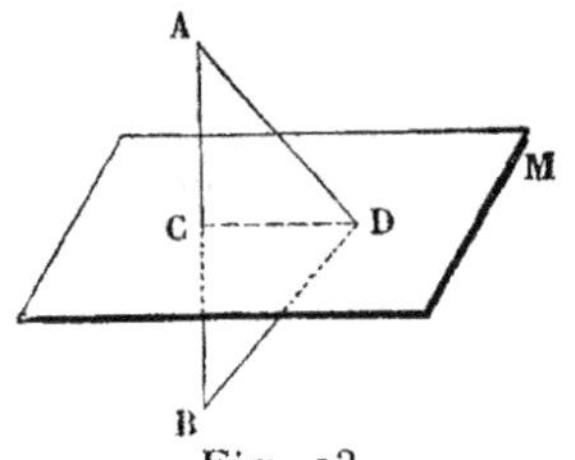

Fig. 23.

2° Supposons qu'un point D soit également distant des points A et B ; je dis qu'il appartient au plan M, perpendiculaire à la droite AB en son milieu C. En effet, joignons DA, DB et CD ; le triangle DAB est isocèle par hypothèse ; donc, la ligne DC, qui joint le sommet de ce triangle au milieu de sa base, est perpendiculaire à cette base (58) ; ainsi la ligne CD est perpendiculaire à AB, et par conséquent elle est contenue dans le plan M perpendiculaire à la ligne AB au point C (399) ; donc enfin le point D est contenu dans le plan M ; c. q. f. d.

REMARQUE. Le théorème précédent s'énonce plus brièvement ainsi :

Le plan perpendiculaire au milieu d'une droite est le lieu géométrique des points également distants des extrémités de cette droite.

406. THÉORÈME. *Si du pied* P *d'une droite* OP, *perpendiculaire au plan* MN, *on abaisse une perpendiculaire sur une ligne droite* BC *de ce plan, toute ligne droite qui joint le pied* A *de cette seconde perpendiculaire à un point quelconque* O *de la première, est elle-même perpendiculaire à* BC (fig. 24).

DÉMONSTRATION. Je prends sur BC, de part et d'autre du point A, deux longueurs AB, AC égales entre elles, et je mène les droites PB, PC, OB et OC. Dans le plan MN, PB et PC sont des obliques à BC, également écartées du pied A de la perpendiculaire PA ; donc PB = PC (62).

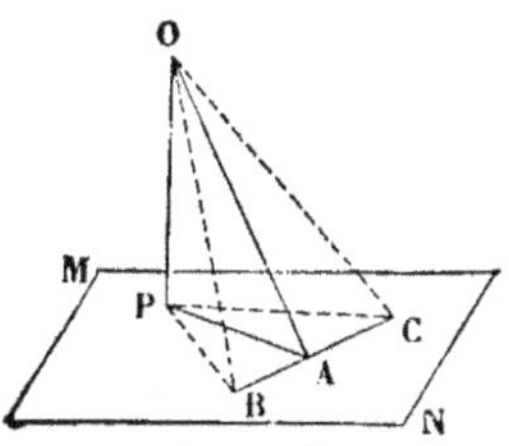

Fig. 24.

Alors les lignes OB et OC sont des obliques au plan MN également distantes du pied P de la perpendiculaire OP ; donc elles sont égales (401), et le triangle OBC est isocèle ; par conséquent la ligne OA, qui joint le sommet de ce triangle au milieu de sa base BC, est perpendiculaire à cette base ; c. q. f. d.

407. COROLLAIRE. La droite BC, qui est perpendiculaire à la fois aux deux droites AP et AO, est perpendiculaire à leur plan, ou, ce qui est la même chose, au plan des deux lignes OP et PA. Donc, *si du pied* P *d'une perpendiculaire* OP *à un plan* MN, *on abaisse une perpendiculaire* PA *sur une droite* BC *de ce plan, le plan des deux perpendiculaires* OP *et* PA *est perpendiculaire à la droite* BC.

REMARQUE. Le théorème précédent est connu sous le nom de *théorème des trois perpendiculaires :* nous en ferons de nombreuses applications.

408. THÉORÈME. *Si deux lignes sont parallèles, tout plan perpendiculaire à l'une est perpendiculaire à l'autre.*

DÉMONSTRATION. Soient AB et CD deux droites parallèles, MN un plan perpendiculaire à AB (fig. 25) ; je dis qu'il est aussi perpendiculaire à CD. En effet, le plan déterminé par les deux parallèles AB et CD rencontre le plan MN suivant la droite AC ; or, la ligne AB, perpendiculaire au plan MN, est perpendiculaire à la droite AC qui passe par son pied dans ce plan ; donc CD, parallèle à AB, est aussi perpendiculaire à AC (87). Par le point C, je mène dans le plan MN la ligne EF perpendiculaire à AC, et je joins le point C à un point quelconque B. de la ligne AB; la

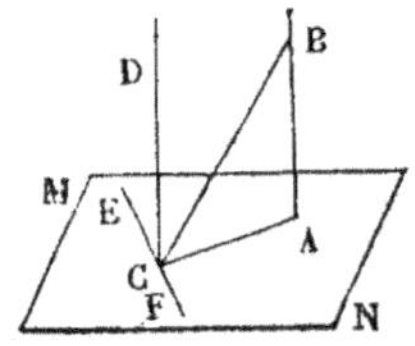

Fig. 25.

ligne EF est alors perpendiculaire au plan des deux droites AB et AC (407), et par conséquent elle est perpendiculaire à la ligne CD qui passe son pied dans ce plan. La ligne CD est donc perpendiculaire aux deux droites AC et EF qui passent par son pied dans le plan MN; donc elle est perpendiculaire à ce plan; C. Q. F. D.

409. THÉORÈME. Réciproquement, *deux droites* AB *et* CD, *perpendiculaires à un même plan* M, *sont parallèles* (fig. 26).

DÉMONSTRATION. En effet, si d'un point quelconque H pris sur la droite CD, on mène une parallèle à la droite AB, elle sera perpendiculaire au plan M d'après le théorème précédent ; or, du point H, on ne peut pas mener au plan

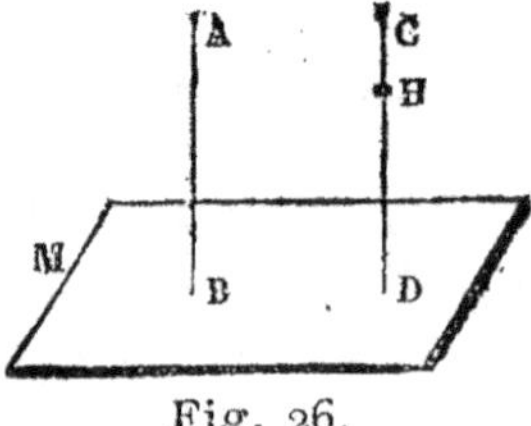

Fig. 26.

M d'autre perpendiculaire que CD (395); donc CD est parallèle à AB; c. q. f. d.

410. COROLLAIRE. *Deux droites* A *et* B, *parallèles à une troisième droite* C, *sont parallèles entre elles* (fig. 27).

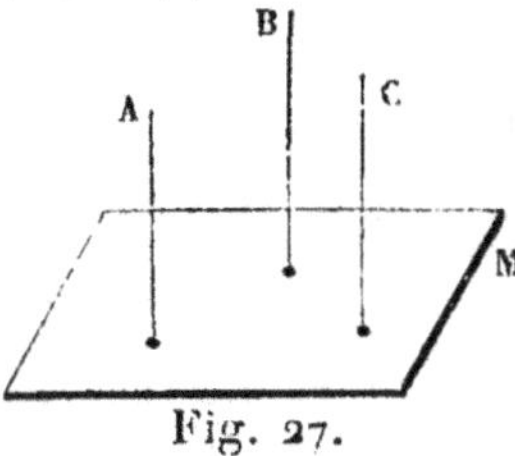

Fig. 27.

En effet, je mène un plan M perpendiculaire à la droite C; les droites A et B, étant, par hypothèse, parallèles à la droite C, sont toutes les deux perpendiculaires au plan M (408); donc elles sont parallèles (409); c. q. d. f.

411. APPLICATIONS. *Des lignes verticales et des plans horizontaux.* Supposons qu'un fil flexible soit fixé par l'une de ses extrémités, et qu'on suspende à l'autre bout un corps pesant, on aura l'instrument connu sous le nom de *fil à plomb.* Lorsqu'un fil à plomb est au repos, il est dirigé suivant une droite qu'on appelle *ligne verticale,* ou simplement *verticale.* L'expérience démontre que deux verticales peu éloignées peuvent être considérées dans les applications comme rigoureusement parallèles : il n'en serait plus ainsi pour deux verticales distantes de quelques centaines de mètres, ainsi que nous le verrons plus tard.

Les lignes verticales sont en grand nombre dans toutes nos constructions : les lignes d'intersection de deux murailles, les jambages des portes, des fenêtres, des cheminées, etc., sont ordinairement des lignes verticales. Dans les arts, ces lignes s'appellent des *lignes d'aplomb.*

412. On a très souvent besoin de vérifier si une ligne est verticale ; on emploie pour cela un petit instrument appelé *niveau de côté.* Il se compose d'une règle plate ABCD, dont les deux bords sont bien parallèles ; sur cette règle on a tracé à égale distance des deux bords

une ligne EF qu'on appelle la *ligne de foi* ; un fil à plomb est attaché en un point de cette ligne médiane. Pour voir au moyen de cet instrument si une ligne donnée est verticale, on applique le long de cette ligne l'un des bords AB de la règle, et on voit si le fil à plomb coïncide bien avec la ligne de foi ; si cela a lieu, la ligne donnée est parallèle à une verticale, et par conséquent est verticale. Toutefois, pour que la vérification soit complète, il convient de retourner l'instrument et d'appliquer aussi son autre bord CD le long de la ligne donnée ; il peut arriver en effet que le fil à plomb soit retenu sur la ligne de foi sans que la ligne AB soit verticale ; cela aurait lieu si la partie supérieure était inclinée en arrière ; en opérant successivement avec les deux bords AB et CD du niveau, on se mettra à l'abri de cette cause d'erreur.

Fig. 28.

413. On nomme *plan horizontal* tout plan perpendiculaire à la verticale. L'expérience prouve que la surface d'une eau tranquille est plane, et de plus qu'elle est perpendiculaire à la direction du fil à plomb ; cette surface est donc un plan horizontal. Les plans horizontaux se rencontrent aussi fréquemment dans nos constructions que les lignes verticales : les planchers, les plafonds de nos appartements, les tablettes de nos cheminées et de la plupart de nos meubles sont des plans horizontaux.

414. Toute droite menée dans un plan horizontal s'appelle une *horizontale*. D'après cette définition, *une horizontale et une verticale qui se coupent sont perpendiculaires ;* car la verticale est perpendiculaire au plan horizontal, et par suite à toutes les horizontales qui passent par son pied dans ce plan. Réciproquement, *toute ligne perpendiculaire à une verticale est hori-*

zontale ; car elle est située dans un plan perpendiculaire à la verticale (399), c'est-à-dire dans un plan horizontal.

415. Il résulte de cette propriété qu'*un plan est horizontal s'il contient deux horizontales* ; car il contient alors deux perpendiculaires à la verticale ; il est donc lui-même perpendiculaire à la verticale (392). C'est en s'appuyant sur cette propriété, qu'on peut reconnaître aisément si un plan est horizontal ; les instruments qui servent à faire cette vérification portent le nom de *niveaux* ; nous en décrirons deux, le *niveau de maçon* ou le *niveau à fil à plomb*, et le *niveau à bulle d'air*.

416. Le niveau de maçon se compose ordinairement de deux règles de bois d'égale longueur AB et BC assemblées en B (fig. 29), et reliées l'une à l'autre par une traverse MN, disposée de telle sorte que BM soit égale à BN ; le triangle formé par les deux règles et la traverse est alors isocèle, et de plus la ligne AC est parallèle à MN ; au sommet B est suspendu un fil à plomb, qui doit rencontrer la ligne MN en son milieu, quand cette ligne ou sa parallèle AC est horizontale (58) ; ce milieu est marqué d'un trait D.

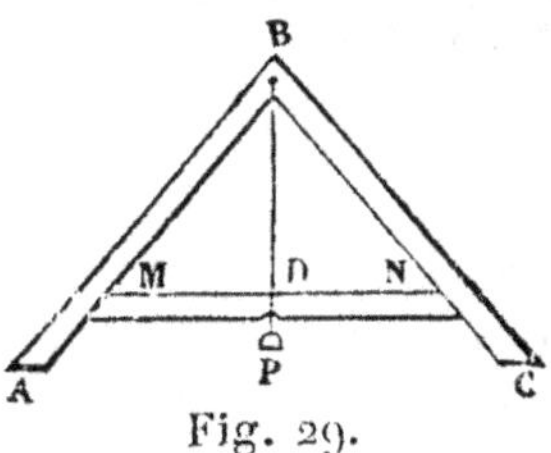

Fig. 29.

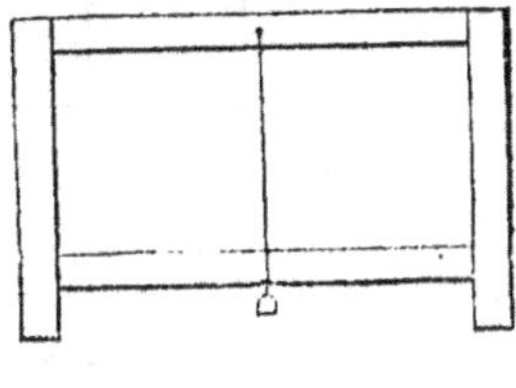

Fig. 30.

Pour vérifier avec cet instrument si un plan est horizontal, on trace dans le plan deux droites qui se coupent ; on place successivement sur chacune d'elles les pieds A et C de l'instrument, et on voit si dans les deux positions le fil à plomb passe bien par le milieu de MN ; s'il en est ainsi, les deux droites tracées dans le plan sont horizontales, et, par conséquent, le plan lui-même est horizontal.

On donne souvent au niveau de maçon une forme rectangulaire, comme l'indique la figure 3o ; l'instrument peut alors servir d'équerre.

417. Le niveau à bulle d'air est un instrument beaucoup plus sensible que le niveau de maçon, et dont le principe est tout différent. Dans un tube de verre légèrement courbé vers le haut en son milieu, on a enfermé de l'eau et une bulle d'air ; l'expérience prouve que cette bulle se porte toujours dans la partie la plus élevée du tube. Cela posé, supposons ce tube fixé sur une règle que l'on place bien horizontalement ; la bulle d'air prendra dans le tube une place bien déterminée, et si l'on marque les extrémités de l'espace qu'elle occupe, on sera certain que, toutes les fois que la bulle aura la même position, la règle qui lui sert de support sera horizontale ; tel est le principe de cet instrument. Voici maintenant quelques détails sur sa cons-

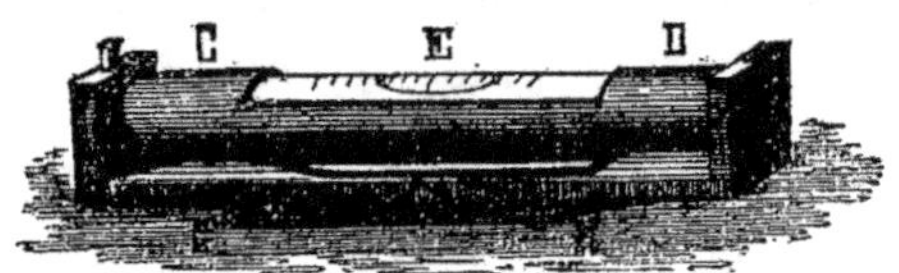

Fig. 3i.

truction. Le tube en verre est renfermé dans une monture en cuivre CD, percée d'une large ouverture ; le tout est fixé sur une règle ou *platine* en cuivre GH ; la surface supérieure du tube porte des divisions également distantes du milieu E, et l'instrument est réglé de manière que la bulle s'étende de part et d'autre du point E à des distances égales, quand la platine est horizontale. Pour vérifier avec cet instrument l'horizontalité d'un plan, on le pose sur le plan dans deux directions différentes, et on voit d'après la position de la bulle si dans les deux cas la règle GH est horizontale ; si cela a lieu, le plan contient deux horizontales non parallèles, et par conséquent il est horizontal : c'est le moyen qu'il faut employer pour mettre la planchette de niveau (372). La sensibilité du niveau à bulle d'air est extrème : la plus légère inclinaison de la platine se manifeste par un déplacement très notable de la bulle d'air.

418. Sur le terrain, on mène des lignes horizontales au moyen du *niveau d'eau*. Il se compose d'un tube en cuivre ACDB recourbé à ses deux extrémités, lesquelles portent chacune une fiole de verre ouverte; ce tube est

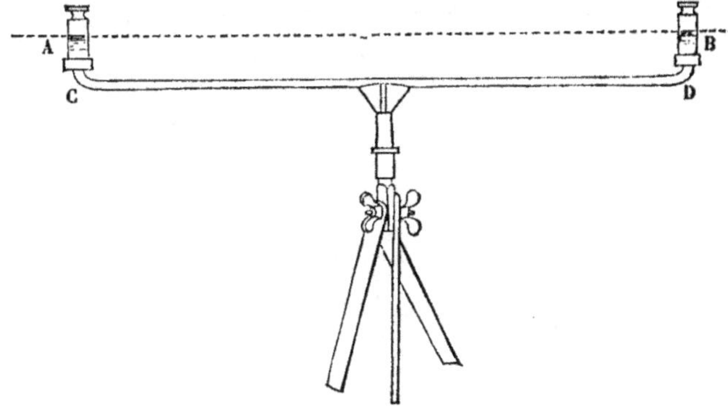

Fig. 32.

soutenu en son milieu par un pied à trois branches, et on lui donne une position *sensiblement* horizontale; on y verse ensuite de l'eau colorée jusqu'à ce qu'elle s'élève dans les deux fioles ; on sait par la physique que les surfaces du liquide dans ces deux fioles qui communiquent entre elles sont dans un même plan horizontal, de telle sorte que toute ligne qui les rase est horizontale.

Proposons-nous maintenant de mener sur le terrain une ligne horizontale dans une direction déterminée AB (fig. 34). On plante aux deux points A et B deux règles verticales qu'on appelle des *mires;* chacune d'elles est munie d'une plaque carrée MNPQ (fig. 33), peinte de deux couleurs, qui peut glisser le long de la mire, et être fixée à une hauteur quelconque ; cette plaque porte le nom de *voyant*, et la ligne HK, qui est perpendiculaire à la mire, s'appelle la *ligne de foi*. On place ensuite le niveau en un point C situé entre les points A et B (fig. 34), et l'observateur vise successivement les deux mires de manière que son rayon visuel rase les niveaux du liquide dans les deux branches ; un aide, placé à chaque mire, élève ou abaisse le voyant, d'après les indications que lui donne l'observateur, jusqu'à ce que la ligne de foi soit dans le plan horizontal que détermine le niveau du liquide dans l'instrument. On obtient ainsi sur chaque mire deux points a et b qui sont sur une même ligne horizontale.

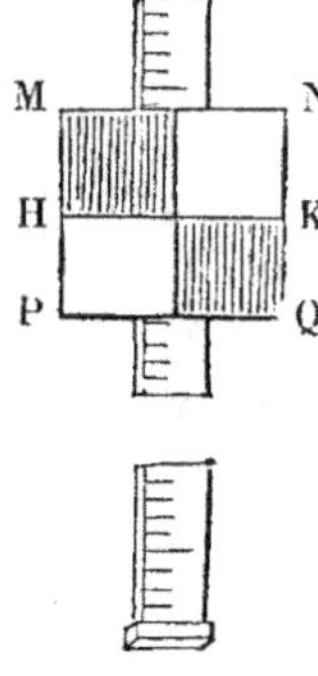

Fig. 33.

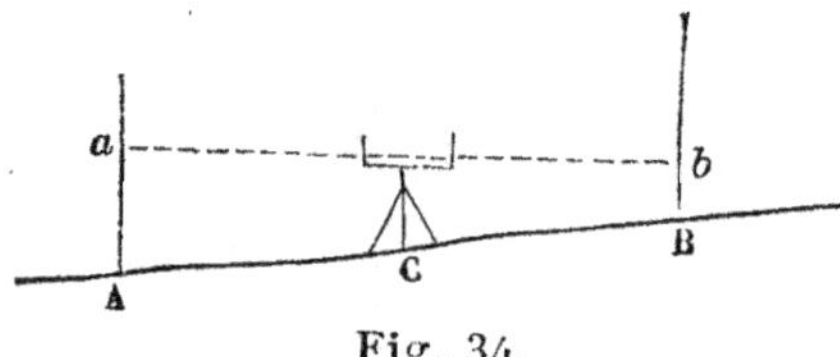

Fig. 34.

419. On peut appliquer aux plans horizontaux et aux lignes verticales toutes les propriétés que nous avons établies sur les plans et les droites perpendiculaires. Ainsi, *par un point donné, on peut toujours mener un plan horizontal et on n'en peut mener qu'un. — Le plus court chemin d'un point à un plan horizontal est dirigé suivant la verticale.*

Problèmes à résoudre.

1. Lorsqu'une droite qui rencontre un plan fait des angles égaux avec trois droites passant par son pied dans ce plan, elle est perpendiculaire à ce plan.

2. Toute oblique à un plan est perpendiculaire à l'une des droites menées par son pied dans le plan.

3. Trouver la condition que doivent remplir deux droites de l'espace pour que l'on puisse mener par l'une d'elles un plan perpendiculaire à l'autre.

4. On donne un plan P et deux points A et B situés du même côté de ce plan. Trouver sur P un point C tel que la somme de ses distances aux points A et B soit un minimum.

5. On donne un plan P et deux points A et B situés de côtés différents de P. Trouver sur P un point C tel que la différence AC — BC soit maximum.

6. Trouver le lieu géométrique des points de l'espace équidistants de deux droites qui se coupent.

7. Étant donnés une droite XY et deux points A et B situés comme on voudra dans l'espace, trouver le point de XY qui est équidistant de A et de B.

8. Trouver le lieu géométrique des points équidistants de trois points donnés non situés en ligne droite.

9. Trouver le lieu des points de l'espace équidistants de tous les points d'une circonférence donnée.

10. Étant donné un triangle ABC et un plan quelconque P, trouver le point du plan P qui est équidistant des trois sommets A, B, C.

11. Trouver le lieu des pieds des perpendiculaires abaissées d'un point donné dans l'espace sur toutes les droites menées dans un plan par un point donné de ce plan.

12. La longueur d'une droite AB perpendiculaire à un plan au point A est de 850^m ; la droite AC menée dans le plan a 800^m de longueur. On demande de calculer la distance BC.

13. Une circonférence O décrite sur un plan a 13^m de rayon. En O on élève une perpendiculaire au plan égale à 17^m et l'on mène dans le plan une droite AN de 24^m de longueur, tangente en A à la circonférence. Calculer la distance PN à moins d'un centimètre près.

14. On donne deux perpendiculaires AB et CD à un plan, la première double de l'autre, et une droite AE dans le plan. Trouver sur cette droite un point M, d'où l'on puisse voir AB et CD sous des angles égaux.

15. Étant donnés un plan et deux points extérieurs A et B, trouver dans le plan un point C tel qu'en le joignant aux deux points donnés, on forme un triangle équilatéral ABC.

CHAPITRE III

DROITES ET PLANS PARALLÈLES

420. DÉFINITION. Une droite et un plan sont *parallèles* lorsqu'ils ne se rencontrent jamais, quelque loin qu'on les prolonge.

421. THÉORÈME. *Toute droite* AB, *parallèle à une droite* CD *située dans un plan* M, *est parallèle à ce plan, ou bien y est contenue tout entière* (fig. 35).

DÉMONSTRATION. En effet, je mène un plan par les deux parallèles AB et CD, et je suppose d'abord que ce plan ne coïncide pas avec le plan M ; il le coupe alors suivant la droite CD ; or la droite AB, qui est contenue tout entière dans le plan ABCD, ne pourrait rencontrer le plan M qu'en un point de l'intersection CD des deux plans, et comme, par hypothèse, elle est parallèle à CD, elle ne peut

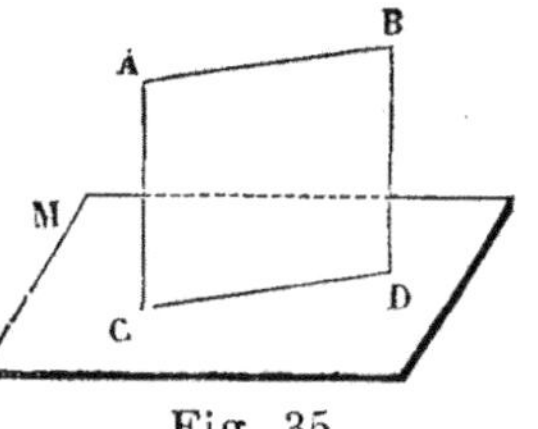

Fig. 35.

avoir aucun point commun avec le plan M ; elle est donc parallèle à ce plan ; c. q. f. d.

Si le plan ABCD coïncidait avec le plan M, la droite AB serait contenue elle-même dans le plan M.

422. COROLLAIRE. Le théorème précédent peut encore s'énoncer ainsi : *Lorsque deux droites sont parallèles, tout plan mené par l'une d'elles est parallèle à l'autre, ou la contient tout entière.*

423. THÉORÈME. *Si par une droite* AB *parallèle à un plan* M, *on mène un autre plan* ABCD, *qui coupe le premier, l'intersection* CD *des deux plans sera parallèle à la droite* AB (fig. 35).

DÉMONSTRATION. En effet, les deux droites AB et CD sont dans un même plan ; de plus, elles ne peuvent se rencontrer, puisque la droite CD est contenue dans le plan M, et que AB est parallèle à ce plan ; donc elles sont parallèles ; C. Q. F. D.

424. THÉORÈME. *Si une droite* AB *est parallèle à un plan* M, *et que par un point* C *de ce plan on mène une droite* CD *parallèle à* AB, *elle est contenue dans le plan* M (fig. 35).

DÉMONSTRATION. En effet, si par la droite AB et le point C on fait passer un plan, il coupera le plan M suivant une parallèle à AB (423) ; or, par le point C, on ne peut mener qu'une parallèle à AB (386), et cette parallèle est la droite CD ; donc la droite CD est contenue dans le plan M ; C. Q. F. D.

425. COROLLAIRE. *L'intersection de deux plans parallèles à une même droite est parallèle à cette droite.*

Car si, par un point de l'intersection des deux plans, on mène une parallèle à la droite donnée, elle sera contenue dans chacun de ces plans en vertu du théorème précédent ; ce sera donc leur intersection.

En particulier, *si par deux droites parallèles on mène deux plans qui se coupent, leur intersection sera parallèle à ces deux droites.*

426. APPLICATIONS. Les propositions qui précèdent sont d'un usage fréquent dans l'art du dessin ; on en tire plusieurs conséquences qu'il suffit d'énoncer :

Lorsqu'une droite est parallèle au plan du tableau, sa perspective est une droite qui lui est parallèle (423).

Lorsque plusieurs droites sont parallèles entre elles sans être parallèles au plan du tableau, les perspectives de toutes ces droites concourent en un même point qui est le point de rencontre du plan du tableau avec la parallèle aux droites données, menée par l'œil du spectateur (425).

427. Définition. Deux plans sont dits *parallèles* lorsque, prolongés indéfiniment dans tous les sens, ils n'ont aucun point commun.

428. Théorème. *Deux plans* M *et* N, *perpendiculaires à une même droite* AB, *sont parallèles* (fig. 36).

Démonstration. Ces deux plans ne peuvent avoir aucun point commun, puisque d'un même point on ne peut mener qu'un plan perpendiculaire à la droite AB (398).

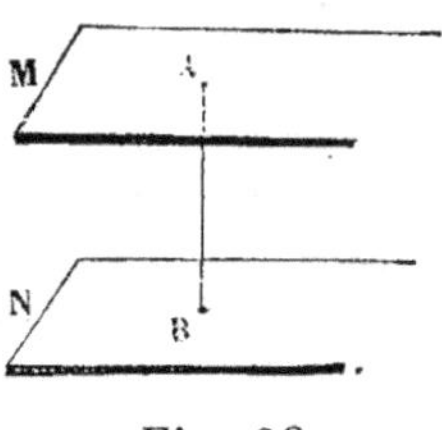

Fig. 36.

429. Application. *Deux plans horizontaux sont parallèles.* Ainsi le plancher et le plafond d'un appartement, qui sont des plans horizontaux, sont parallèles. Les deux meules d'un moulin à farine présentent deux faces planes bien dressées entre lesquelles est broyé le grain ; ces plans sont tous les deux perpendiculaires à l'axe de rotation qui est vertical ; donc ce sont deux plans horizontaux parallèles. Lorsqu'on met dans un même vase deux liquides différents qui ne se mélangent pas, comme de l'eau et de l'huile, la surface libre et la surface de séparation des deux liquides sont de même deux plans horizontaux parallèles.

430. Théorème. *Les intersections* AB *et* CD *de deux plans parallèles* M *et* N *par un troisième plan* P *sont parallèles* (fig. 3₇).

Démonstration. En effet, ces deux droites sont contenues dans un même plan P, et de plus elles ne peuvent pas se rencontrer, puisque l'une d'elles est située dans le plan M, et l'autre dans le plan N, et que ces deux plans sont parallèles ; donc enfin ces deux droites sont parallèles (83) ; c. q. f. d.

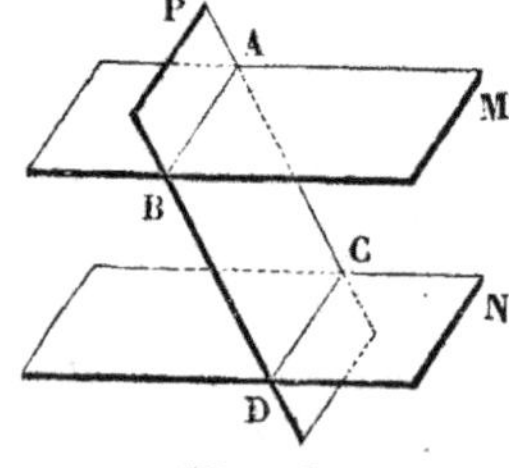

Fig. 3₇.

431. Théorème. *Si deux plans sont parallèles, toute ligne droite perpendiculaire à l'un d'eux est aussi perpendiculaire à l'autre.*

Démonstration. Soient EF et GH deux plans parallèles, et AB une droite perpendiculaire au premier ; je dis qu'elle est aussi perpendiculaire à l'autre. En effet, par le joint B, où la droite AB rencontre le plan GH, je mène dans ce plan une droite quelconque BD,

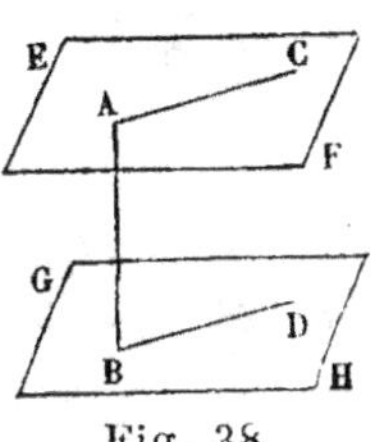

Fig. 38.

et je conduis le plan des deux droites AB et DB ; ce plan coupe le plan EF suivant une droite AC, qui est parallèle à BD, en vertu du théorème précédent. Or la droite AB, perpendiculaire au plan EF, est perpendiculaire à la droite AC qui passe par son pied dans ce plan ; donc elle est aussi perpendiculaire à la droite BD qui est parallèle à AC (87) ; la droite AB est donc perpendiculaire à toute droite menée par son pied dans le plan GH ; par conséquent, elle est perpendiculaire à ce plan ; c. q. f. d.

432. Corollaire. *Deux plans* M *et* N, *parallèles à un troisième plan* P, *sont parallèles entre eux.*

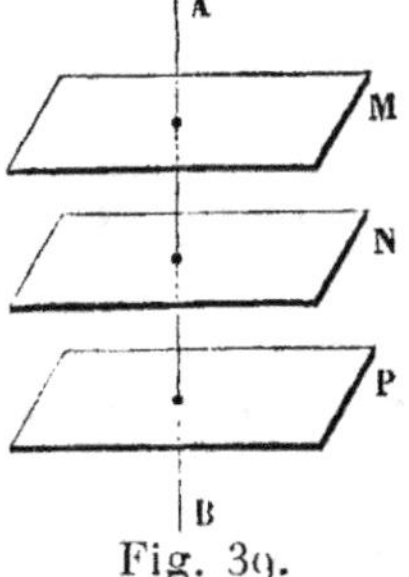

Fig. 39.

Je mène une droite quelconque AB perpendiculaire au plan P ; d'après le théorème précédent, cette droite sera perpendiculaire à chacun des plans M et N ; ces deux plans, étant tous les deux perpendiculaires à une même droite AB, sont parallèles (428) ; c. q. f. d.

433. Théorème. *Par un point* A, *donné hors d'un plan* N, *on peut toujours lui mener un plan parallèle, et on n'en peut mener qu'un.*

Démonstration. En effet, j'abaisse du point A la perpendiculaire AB sur le plan donné N, et, par ce même point A, je mène un plan M perpendiculaire à AB ; ce plan sera parallèle au plan N, en vertu du théorème du n° 428. Je dis de plus que, par le point A, on ne peut pas mener d'autre plan parallèle au plan donné N ; en effet, tout plan parallèle au plan N est perpendiculaire à AB (431) ; or, par le point A, on ne peut mener qu'un plan perpendiculaire à AB ; donc par ce point on ne peut aussi mener qu'un plan parallèle au plan N ; c. q. f. d.

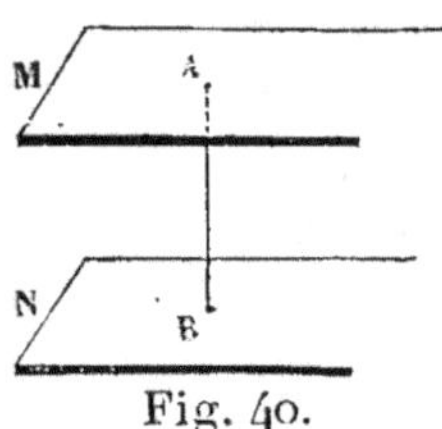

Fig. 40.

434. THÉORÈME. *Les portions de deux droites parallèles, comprises entre deux plans parallèles, sont égales.*

DÉMONSTRATION. Soient AC et BD deux parallèles comprises entre les plans parallèles EF et GH (fig. 41) ; par ces deux droites, je fais passer un plan qui coupe les plans EF et GH suivant des droites parallèles AB et CD (430) ; la figure ABCD est donc un parallélogramme, et par conséquent les côtés opposés AC et BD sont égaux (106) ; c. q. f. d.

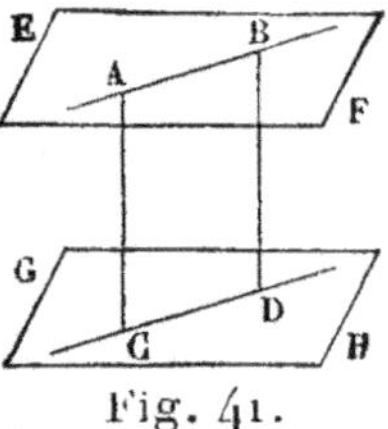

Fig. 41.

435. COROLLAIRE. *Deux plans parallèles M et N sont partout également distants* (fig. 42).

Si de deux points quelconques A et B pris dans l'un de ces plans j'abaisse des perpendiculaires AC et BD sur l'autre, ces lignes seront parallèles (409), et par suite, en vertu du théorème précédent, elles seront égales ; or, ces lignes mesurent les distances de deux points quelconques A et B du plan M à l'autre plan (402) ; donc les deux plans sont partout à égale distance ; c. q. f. d.

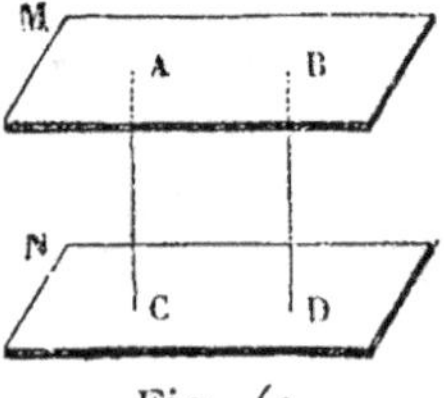

Fig. 42.

436. Applications. Le théorème qui précède et son corollaire nous fournissent un nouveau mode de génération du plan, qui est mis à profit dans plusieurs machines. Il résulte en effet clairement de ce théorème que si de tous les points d'un plan on mène des droites de même longueur, parallèles à une direction fixe, leurs extrémités seront toutes dans un même plan parallèle au premier.

Comme application, je citerai les machines à *raboter* ou à *planer* les métaux ; on leur donne une foule de dispositions plus ou moins avantageuses ; le plus ordinairement l'outil, destiné à entamer la pièce de métal que l'on veut raboter, est un burin d'acier fixé sur un chariot ; ce chariot lui-même glisse sur un plan de telle manière que, pendant le mouvement, le burin se déplace parallèlement à lui-même ; sa pointe décrit alors un plan en vertu du théorème précédent. et la surface de la pièce métallique soumise à son action est ainsi rendue exactement plane. Ces machines à planer sont aujourd'hui très employées : on en trouve dans tous les ateliers de construction. Des rabots mécaniques fondés sur le même principe ont été imaginés aussi pour travailler le bois.

437. Théorème. *Deux angles* BAC, EDF, *qui ont les côtés parallèles et dirigés dans le même sens, sont égaux, et leurs plans sont parallèles* (fig. 43).

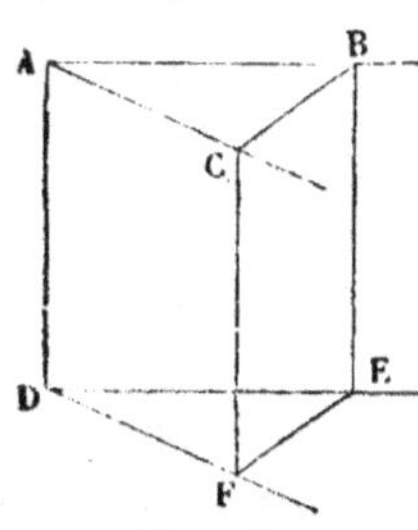

Fig. 43.

Démonstration. Sur les côtés parallèles AB et DE des deux angles, je prends deux longueurs égales, AB = DE ; je prends de même sur les autres côtés deux longueurs égales AC = DF ; puis je joins AD, BE, CF, BC et EF. Le quadrilatère ABED a ses côtés opposés AB, DE égaux et parallèles ; donc ce quadrilatère est un parallélogramme (111), et par conséquent les autres côtés AD et BE sont aussi égaux et parallèles. Pour la même raison, les deux lignes AD et CF sont égales et parallèles ; d'où il résulte que les lignes BE et CF, égales et parallèles à une même ligne AD, sont égales et parallèles (410) ; la figure BEFC est donc un parallélogramme, et BC = EF. Les deux triangles ABC, DEF ont alors les trois côtés égaux chacun à chacun ; par conséquent les angles BAC, DEF sont égaux ; c. q. f. d.

Je dis de plus que les plans de ces deux angles sont parallèles ; en effet, menons par le point D un plan parallèle au plan ABC ; il interceptera sur les parallèles AD, BE, CF des longueurs égales (434) ; donc il passera par les points E, F : en d'autres termes, ce sera le plan de l'angle EDF ; c. q. f. d.

438. Corollaire I. *Deux angles qui ont les côtés parallèles et dirigés en sens contraire sont égaux ; et deux angles qui ont deux côtés parallèles et dirigés dans le même sens, et les deux autres parallèles et dirigés en sens contraire, sont supplémentaires.*

Même démonstration qu'en Géométrie plane, n° 94.

439. Corollaire II. *Si par un point D pris hors d'un plan ABC, on mène deux droites DE, DF parallèles à ce plan, le plan DEF mené par ces deux droites est parallèle au plan ABC (fig. 44).*

En effet, si par un point A du plan ABC on mène des parallèles aux droites DE et DF, elles seront contenues dans le plan ABC (424), et nous serons alors ramenés au théorème précédent.

Il résulte de là que, *si d'un point on mène à un plan autant de parallèles qu'on voudra, elles seront toutes contenues dans un même plan parallèle au premier.*

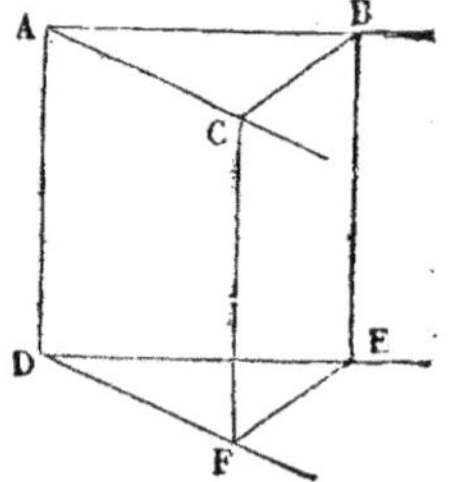

Fig. 44.

440. APPLICATION. *Toute droite parallèle à un plan horizontal est horizontale;* car elle est contenue dans un plan parallèle au plan horizontal donné, c'est-à-dire dans un autre plan horizontal.

441. THÉORÈME. *Trois plans parallèles* M, N, P, *interceptent sur deux droites qu'ils rencontrent des segments proportionnels* (fig. 45).

DÉMONSTRATION. Soient ABC, DEF deux droites qui rencontrent les plans parallèles M, N, P, la première aux points A, B et C; la seconde, aux points D, E et F; on a la proportion :

$$\frac{AB}{DE} = \frac{BC}{EF}.$$

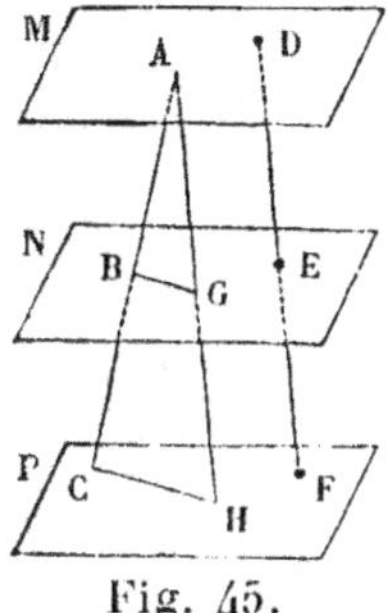

Fig. 45.

En effet, par le point A, je mène une parallèle AH à la droite DF; elle perce le plan N au point G et le plan P au point H; conduisons le plan des deux droites AC et AH; il coupera les plans parallèles N et P suivant des droites BG et CH qui seront parallèles (430); par suite, en vertu d'un théorème connu (254), nous aurons la proportion :

$$\frac{AB}{AG} = \frac{BC}{GH};$$

d'ailleurs les droites parallèles AG, DE, comprises entre les plans parallèles M et N, sont égales (434), et GH est égale à EF pour la même raison; nous pouvons donc remplacer dans la proportion précédente les lignes AG et GH par les lignes égales DE et EF, et nous avons alors :

$$\frac{AB}{DE} = \frac{BC}{EF};$$

C. Q. F. D.

Problèmes à résoudre.

1. Mener par une droite donnée un plan parallèle à une autre droite donnée.

2. Mener par un point donné un plan parallèle à deux droites données.

3. Mener une droite parallèle à une direction donnée et rencontrant deux autres droites données non situées dans un même plan.

4. Si une droite et un plan sont perpendiculaires à une même droite, ils sont parallèles.

5. Si d'un point de l'espace on abaisse des perpendiculaires sur des plans parallèles à une même droite, le lieu de ces perpendiculaires est un plan perpendiculaire à cette droite.

6. Si deux droites sont parallèles à un plan, leurs perspectives sur ce plan sont des droites parallèles.

7. Trouver le lieu géométrique des points dont les distances à deux plans parallèles sont proportionnelles à deux longueurs données m et n.

CHAPITRE IV

§ 1er. Des angles dièdres.

442. DÉFINITIONS. On appelle *angle dièdre* ou simplement *dièdre* la figure formée par deux plans qui se coupent et qui sont limités à leur intersection commune. Les deux plans s'appellent les *faces* de l'angle dièdre, et leur intersection s'appelle *l'arête* de l'angle dièdre. Un livre ouvert peut donner une idée d'un angle dièdre.

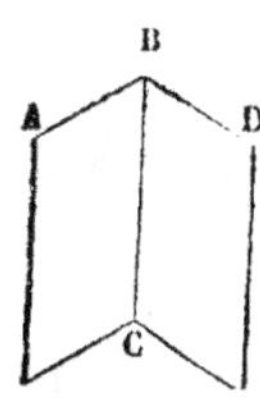

Fig 46.

On désigne un angle dièdre par quatre lettres, deux sur l'arête et une dans chaque face, en mettant les deux lettres de l'arête au milieu; on peut aussi le désigner seulement par les deux lettres de l'arête, pourvu qu'il n'y ait pas de confusion possible; ainsi on dira : le dièdre ABCD, ou simplement le dièdre BC (fig. 46).

443. Considérons un plan fixe MN (fig. 47), et une droite AB située dans ce plan; par cette droite faisons passer un plan mobile Q, et supposons que ce plan, d'abord appliqué

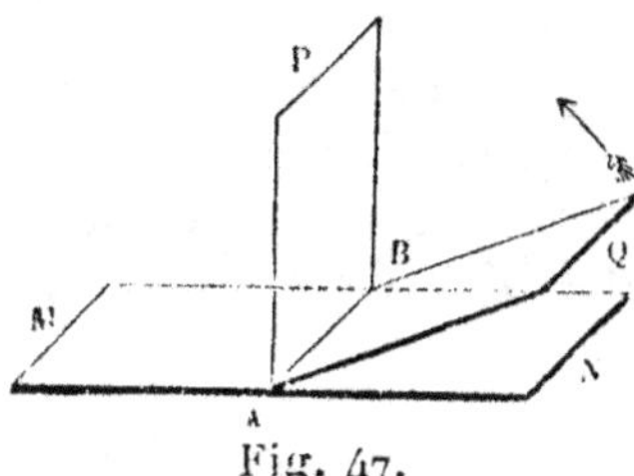

Fig. 47.

sur la partie ABN du plan fixe, tourne autour de AB dans le sens de la flèche; nous dirons alors que le plan mobile forme avec le plan ABN un angle dièdre de plus en plus grand; ainsi, par définition, le dièdre PABN est plus grand que le dièdre QABN. Un angle dièdre peut donc être considéré comme une grandeur, et, à ce point de vue, nous donnerons de l'angle dièdre cette nouvelle définition : *un angle dièdre est l'inclinaison plus ou moins grande de deux plans qui se coupent.*

Il résulte de cette définition que la grandeur d'un angle dièdre ne dépend pas de la grandeur de ses faces; elle ne dépend que de leur écartement; on devra donc toujours supposer que les faces soient prolongées indéfiniment à partir de l'arête.

Deux angles dièdres sont *égaux*, lorsqu'on peut les superposer de manière que les faces de l'un d'eux coïncident avec les faces de l'autre : leurs arêtes coïncideront aussi l'une avec l'autre.

Deux angles dièdres sont dits *adjacents*, lorsqu'ils ont même arête, une face commune, et qu'ils sont situés de côtés différents de cette face; tels sont les dièdres CABD, DABE (fig. 48).

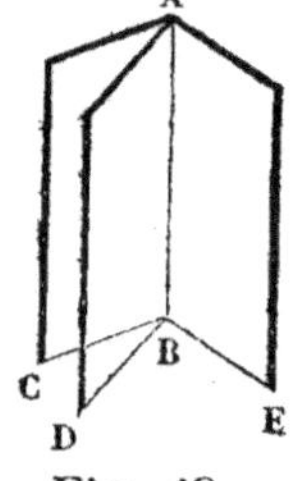
Fig. 48.

Pour ajouter deux angles dièdres, on les place à côté l'un de l'autre de manière qu'ils soient adjacents; l'angle dièdre formé par les deux faces extérieures est la somme des deux autres; ainsi l'angle dièdre CABE est la somme des dièdres CABD, DABE.

Un angle dièdre est double, triple, quadruple, etc., d'un autre, quand il est la somme de deux, trois, quatre, etc., angles dièdres égaux à cet autre. De même un angle dièdre est les $\frac{3}{5}$ d'un autre, quand il contient trois fois la cinquième partie de cet autre; et ainsi de suite. On peut donc prendre le rapport de deux angles dièdres, et par conséquent, on peut mesurer les angles dièdres en cherchant leur rapport à un angle dièdre fixe choisi comme unité.

444. Un plan P est dit *perpendiculaire* à un plan MN (fig. 47), lorsqu'il forme avec ce plan deux angles dièdres adjacents égaux MABP, NABP.

On appelle *angle dièdre droit* un dièdre dont les deux faces sont perpendiculaires.

Deux angles dièdres sont *opposés par l'arête*, lorsqu'ils ont la même arête et que les faces de l'un sont les prolongements des faces de l'autre.

445. THÉORÈME. *Par une droite* AB, *située dans un plan* MN, *on peut toujours mener un plan perpendiculaire au plan* MN, *et on n'en peut mener qu'un* (fig. 47).

446. COROLLAIRE. *Tous les angles dièdres droits sont égaux.*

La démonstration de ce théorème et celle de son corollaire sont tout à fait pareilles à celles des n°s 36 et 37.

REMARQUE. Un dièdre est *aigu* ou *obtus*, suivant qu'il est inférieur ou supérieur à un dièdre droit.

Deux dièdres sont *complémentaires*, quand leur somme vaut un dièdre droit; *supplémentaires*, quand leur somme vaut deux dièdres droits.

447. THÉORÈME. *Tout plan qui en rencontre un autre forme avec lui deux dièdres adjacents supplémentaires;* et réciproquement, *si deux dièdres adjacents sont supplémentaires, leurs faces extérieures sont dans le prolongement l'une de l'autre.* (Démonstrations identiques à celles des n°s 40 et 43.)

448. DÉFINITION. On nomme *angle plan correspondant à un dièdre* l'angle formé par deux perpendiculaires élevées à l'arête de cet angle dièdre dans les deux faces par un même point de cette arête. Considérons le dièdre ABCD : par un point F de l'arête BC, je mène dans les deux faces du dièdre les lignes FE, FG perpendiculaires à BC; l'angle EFG est l'angle plan correspondant au dièdre ABCD. Il est évident d'ailleurs que cet angle est le même,

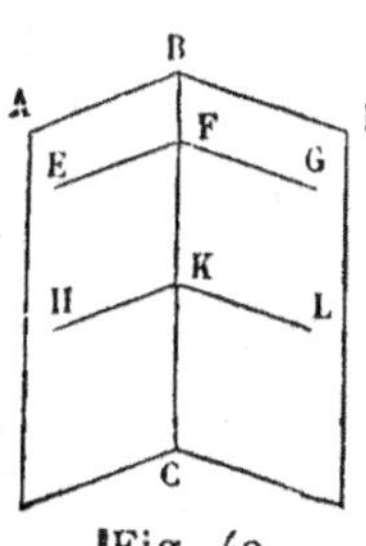

[Fig. 49.

quel que soit le point de l'arête par lequel on mène les perpendiculaires; en effet, construisons l'angle plan HKL en un autre point K de l'arête BC; les deux droites EF, HK, perpendiculaires à la droite BC dans un même plan ABC, sont parallèles (84); pour la même raison, KL est parallèle à FG; donc les deux angles EFG, HKL ont les côtés parallèles et dirigés dans le même sens, et par conséquent ils sont égaux (437).

Remarquons encore qu'on pourrait obtenir l'angle plan correspondant à un dièdre en coupant ce dièdre par un plan perpendiculaire à son arête; car le plan EFG est perpendiculaire à BC (392).

449. THÉORÈME. 1° *Si deux angles dièdres sont égaux, les angles plans qui leur correspondent sont égaux.*

2° *Deux angles dièdres sont égaux si les angles plans qui leur correspondent sont égaux.*

DÉMONSTRATION. 1° Considérons deux dièdres égaux CABD, IGHK, et supposons que leurs angles plans soient les angles CBD et IHK; si nous superposons les deux dièdres égaux, ces angles plans correspondront alors au même dièdre; donc ils sont égaux (448).

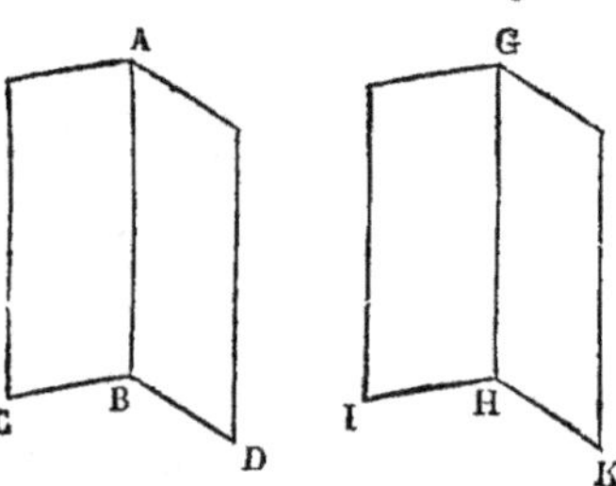

Fig. 5o.

2° Supposons maintenant que les deux dièdres CABD, IGHK aient des angles plans égaux, CBD = IHK; je dis que les dièdres eux-mêmes seront égaux. En effet, transportons le dièdre IGHK sur le dièdre CABD, de manière que l'angle IHK s'applique sur l'angle égal CBD; la droite HG, perpendiculaire au plan IHK, prendra la direction de la droite BA, perpendiculaire au plan CBD (395); le plan IHG coïncidera avec le plan CBA, puisque les droites IH et HG sont respectivement appliquées sur les droites CB et BA (385), et le plan KHG coïncidera avec le plan DBA par la même raison; donc les deux dièdres sont égaux; C. Q. F. D.

450. COROLLAIRE. *A un angle dièdre droit correspond un angle plan droit* (fig. 51).

Je suppose le plan ADE perpendiculaire au plan MN; par un point O de DE, je mène dans le plan MN, BC per-

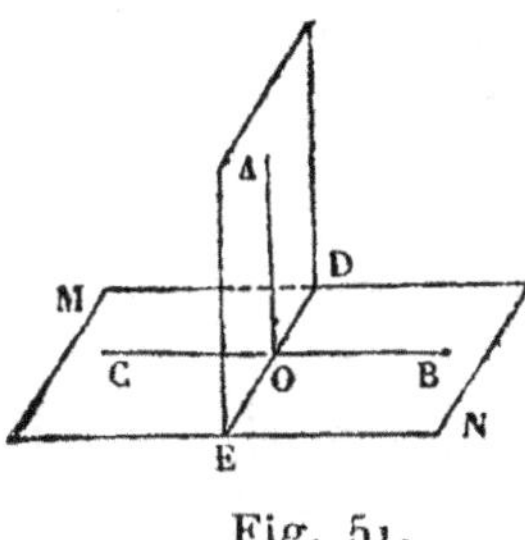

Fig. 51.

pendiculaire à DE, et dans le plan ADE, OA perpendiculaire à DE. Les dièdres MDEA, NDEA étant égaux (444), ont des angles rectilignes égaux; donc l'angle COA est égal à l'angle BOA; donc OA est perpendiculaire à DE, et par conséquent l'angle BOA est droit; C. Q. F. D.

451. THÉORÈME. *Le rapport de deux angles dièdres est le même que celui de leurs angles plans.*

DÉMONSTRATION. Soient CABD, GEFH deux angles dièdres, CAD et GEH les angles plans correspondants; je suppose que le rapport de ces angles plans soit $\frac{3}{2}$ par

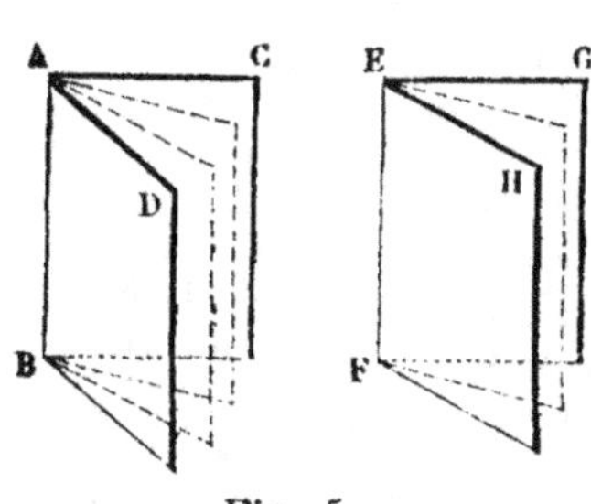

Fig. 52.

exemple; je dis que les deux angles dièdres seront dans le même rapport. En effet, je divise l'angle plan GEH en deux parties égales; l'angle CAD contiendra trois de ces parties, puisqu'il vaut trois fois la moitié de l'angle GEH. Par les lignes de division de ces deux angles, et par les arêtes des angles dièdres correspondants, je fais passer des plans, comme l'indique la figure; l'angle dièdre GEFH sera divisé en deux angles dièdres, et le dièdre CABD sera divisé en trois angles dièdres ; de plus, tous ces petits angles dièdres seront égaux entre eux, puisque leurs angles plans sont égaux (449). Il résulte de là que le dièdre CABD vaut trois fois la moitié du dièdre GEFH ; en d'autres termes, le rapport des deux dièdres est $\dfrac{3}{2}$ comme celui de leurs angles plans ; C. Q. F. D.

452. THÉORÈME. *La mesure d'un angle dièdre est égale à la mesure de son angle plan, pourvu qu'on choisisse comme unité d'angle dièdre l'angle dièdre qui correspond à l'angle plan pris comme unité.*

DÉMONSTRATION. Supposons qu'on veuille mesurer l'angle dièdre CABD, et soit GEFH le dièdre choisi comme unité ; je construis les angles plans CAD, HEG, qui correspondent à ces deux angles dièdres ; l'angle HEG sera, d'après l'hypothèse, l'unité d'angle plan. Cela posé, la mesure de l'angle dièdre CABD est exprimée par le rapport de ce dièdre

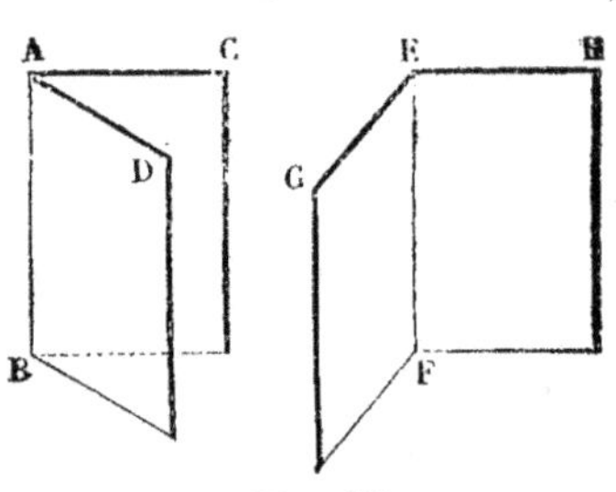

Fig. 53.

CABD à l'unité d'angle dièdre, c'est-à-dire par le rapport $\dfrac{CABD}{GEFH}$; de même la mesure de l'angle plan CAD est exprimée par le rapport $\dfrac{CAD}{GEH}$; ces deux rapports sont égaux en vertu du théorème précédent ; donc la mesure du dièdre CABD est la même que celle de son angle plan ; C. Q. F. D.

453. COROLLAIRES. Quand on prend l'angle droit pour unité d'angle plan, on doit prendre l'angle dièdre droit pour unité d'angle dièdre (450).

Si nous convenons d'appeler *angle dièdre* de 1°, 1′,

1″, l'angle dièdre qui correspond à un angle plan de 1°, 1′, 1″, nous pourrons évaluer les angles dièdres en degrés, minutes et secondes comme les angles plans. Ainsi l'angle dièdre de 70° vaudra 70 fois l'angle dièdre de 1° ; en d'autres termes, son angle plan sera un angle de 70°. Lorsque deux angles dièdres sont ainsi exprimés en degrés, minutes et secondes, on trouve leur rapport comme on le fait pour deux angles plans.

Remarque. Le théorème précédent s'énonce habituellement ainsi :

Un angle dièdre a la même mesure que son angle plan.

Ce théorème permet de déduire plusieurs propriétés des angles dièdres des propriétés analogues des angles plans. Nous allons en donner un exemple.

454. Théorème. *Deux dièdres opposés par l'arête sont égaux.*

Démonstration. Considérons les deux dièdres CABF, DABE opposés par l'arête ; par un point B de l'arête commune AB, je mène les lignes CD et EF perpendiculaires à cette arête dans les deux plans CAD, EAF ; je forme ainsi les angles plans CBF, DBE qui mesurent les deux dièdres ; or ces deux angles plans sont égaux,

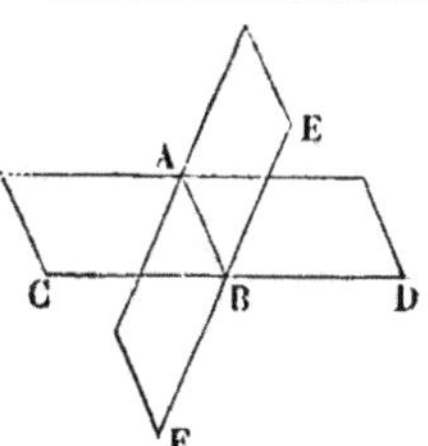

Fig. 54.

comme opposés par le sommet ; donc il en est de même des deux angles dièdres (449) ; c. q. f. d.

455. On démontrerait d'une manière analogue le théorème suivant :

Si deux plans parallèles sont coupés par un troisième, les quatre angles dièdres aigus formés sont égaux entre eux, ainsi que les quatre angles dièdres obtus.

§ 2. Des plans perpendiculaires.

456. THÉORÈME. *Tout plan* P, *conduit suivant une droite* LK *perpendiculaire au plan* MN, *est lui-même perpendiculaire à ce dernier plan* (fig. 55).

DÉMONSTRATION. Soit AB l'intersection des deux plans ; par le pied K de la perpendiculaire LK, je mène dans le plan MN, la ligne HG perpendiculaire à AB. La ligne LK, perpendiculaire au plan MN, est perpendiculaire aux deux lignes AB et HG qui passent par son pied dans ce plan ; il résulte de là que l'angle GKL est l'angle plan correspondant au dièdre MABP, et de plus que cet angle plan est droit ; donc l'angle dièdre est droit aussi, et le plan P est perpendiculaire au plan MN ; C. Q. F. D.

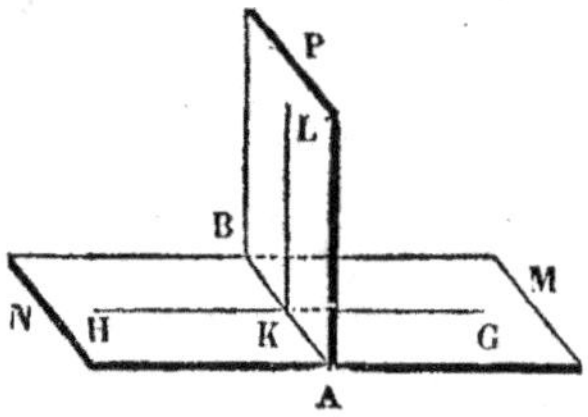

Fig. 55.

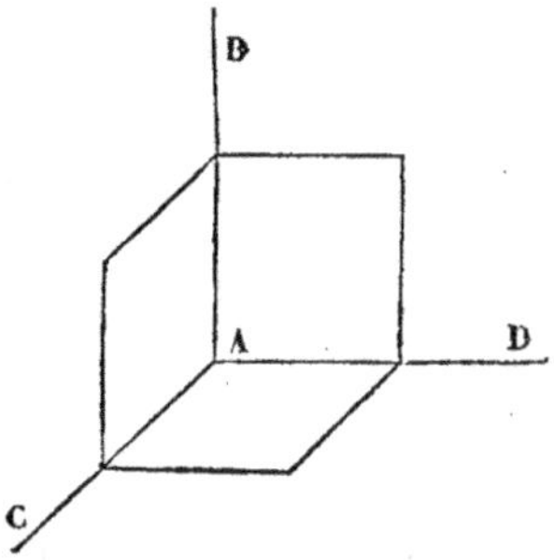

457. COROLLAIRE. *Lorsque trois droites* AB, AC, AD, *sont perpendiculaires deux à deux, chacune d'elles est perpendiculaire au plan des deux autres, et ces trois plans sont perpendiculaires deux à deux* (fig. 56).

C'est une conséquence immédiate du théorème du n° 392 et du théorème précédent.

Fig. 56.

458. THÉORÈME. *Si deux plans* AB *et* DE *sont perpendiculaires, et que dans l'un d'eux on mène une droite* CD *perpendiculaire à leur intersection* EF, *elle est perpendiculaire à l'autre* (fig. 57).

3.

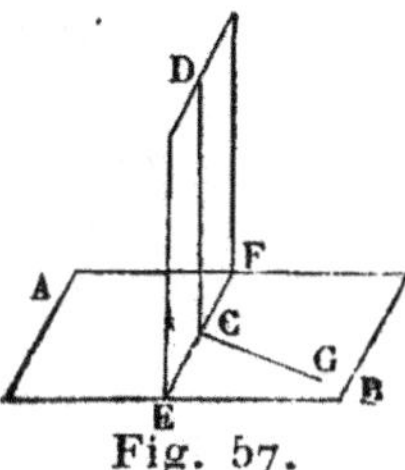

Fig. 57.

Par le point C, je mène dans le plan AB une ligne CG perpendiculaire à la ligne EF ; l'angle DCG est l'angle plan correspondant au dièdre DEFB; mais ce dièdre est droit par hypothèse ; donc CD est perpendiculaire à CG ; alors CD est perpendiculaire à la fois aux deux droites EF et CG qui passent par son pied dans le plan AB ; elle est donc perpendiculaire à ce plan (392); C. Q. F. D.

459. COROLLAIRE. *Lorsque deux plans* M *et* A *sont perpendiculaires, si par un point quelconque* D *pris dans l'un d'eux, on mène une perpendiculaire à l'autre, elle est tout entière contenue dans le premier.*

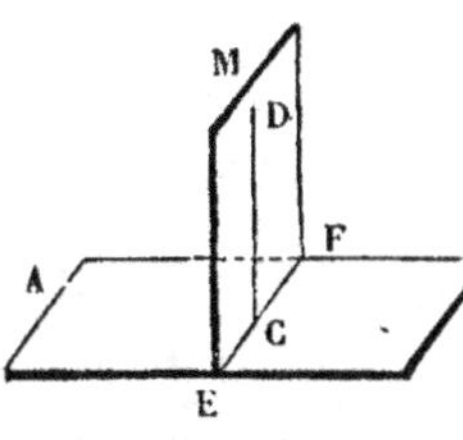

Fig. 58.

En effet, si du point D nous menons dans le plan M la ligne DC perpendiculaire à l'intersection EF des deux plans, elle est perpendiculaire au plan A d'après le théorème précédent; or du point D on ne peut mener qu'une perpendiculaire au plan A (395) ; donc cette perpendiculaire est la ligne CD contenue dans le plan M ; C. Q. F. D.

460. THÉORÈME. *Lorsque deux plans* AC, AD, *perpendiculaires à un troisième plan* MN, *se coupent, leur intersection* AB *est perpendiculaire au plan* MN (fig. 59).

DÉMONSTRATION. En effet, si par un point quelconque A commun aux deux plans AC, AD, on mène une perpendiculaire au plan MN, elle devra être contenue dans chacun des deux plans AC, AD (459) ; donc cette perpendiculaire sera précisément l'intersection AB de ces deux plans ; C. Q. F. D.

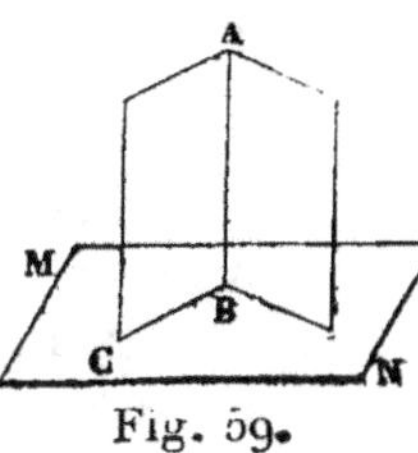

Fig. 59.

461. APPLICATIONS. *Plans verticaux.* On donne le nom de *plan vertical* à tout plan qui est perpendiculaire à un plan horizontal. Les plans verticaux sont aussi fréquemment employés que les plans horizontaux dans nos constructions et dans tous les arts industriels : la plupart des murailles de nos édifices, les surfaces des portes, des volets, des glaces, les panneaux de nos meubles, etc., sont des plans verticaux ; dans les arts du dessin, on suppose habituellement vertical le plan du tableau sur lequel on trace la perspective des objets.

Il résulte des théorèmes précédents,

1° *Que tout plan mené par une verticale est un plan vertical* (456) ;

2° *Que si, par un point d'un plan vertical, on mène une verticale, elle est tout entière contenue dans ce plan vertical* (459) ;

3° *Que l'intersection de deux plans verticaux est une verticale* (460) : par exemple, la ligne d'intersection de deux murs verticaux est verticale.

De là nous pouvons tirer diverses conséquences : il est clair par exemple, que l'*on peut toujours mener par une droite donnée un plan vertical* ; il suffit de mener une verticale par un point de la droite donnée, les deux droites déterminent un plan qui est vertical, puisqu'il contient une verticale. On voit aussi que *tout plan perpendiculaire à une horizontale est vertical* ; en effet, par le point de rencontre de l'horizontale et du plan perpendiculaire, menons une verticale ; elle sera perpendiculaire à cette horizontale (414), et par suite elle sera contenue dans le plan perpendiculaire (399) ; ce plan sera donc vertical, puisqu'il contiendra une verticale.

462. Ces propriétés des plans verticaux sont utilisées fréquemment dans les arts industriels. On se sert de la première quand on veut s'assurer qu'un plan donné est bien vertical ; on applique contre ce plan l'un des bords du *niveau de côté* (412) ; et on le fait mouvoir graduel-

lement, jusqu'à ce que le fil à plomb soit contenu dans le plan de la règle : si alors la direction du fil à plomb coïncide avec la ligne de foi, le bord en contact avec le plan est une ligne verticale, et le plan lui-même est vertical.

La troisième propriété des plans verticaux est mise à profit pour planter verticalement un jalon ou une tige quelconque. On place d'abord le jalon de manière qu'il soit sensiblement vertical ; on s'éloigne ensuite de quelques pas, et, tenant à la main un fil à plomb, on examine si le jalon se trouve dans le plan passant par l'œil et la direction du fil à plomb, plan qui est vertical; si cela n'a pas lieu, on incline le jalon dans un sens ou dans l'autre, jusqu'à ce que la condition soit remplie. Le jalon est alors dans un plan vertical ; on renouvelle l'opération précédente dans une autre direction, en ayant soin que le jalon reste toujours dans le premier plan vertical. Lorsqu'on est parvenu à placer ainsi le jalon dans deux plans verticaux différents, on est certain qu'il est vertical (461, 3°).

§ 3. Des projections. — Angle d'une droite et d'un plan.

463. Définitions. On appelle *projection* d'un point P sur un plan MN (fig. 60) le pied Q de la perpendiculaire abaissée de ce point sur le plan, et projection d'une ligne sur un plan, la ligne formée par les projections de tous ses points.

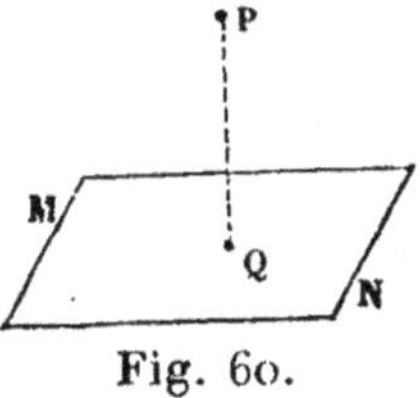

Fig. 60.

Le plan sur lequel on projette un point ou une ligne s'appelle le *plan de projection*, et la perpendiculaire abaissée d'un point sur le plan de projection se nomme la *projetante* de ce point ; ainsi PQ est la projetante du point P.

464. THÉORÈME. *La projection d'une ligne droite sur un plan est une ligne droite.*

DÉMONSTRATION. Soient AB la droite donnée, MN le plan de projection ; du point A j'abaisse la perpendiculaire A*a* au plan MN, et je conduis le plan BA*a* qui rencontre le plan MN suivant *ab* ; je dis que cette ligne est la projection de AB ; en effet, les perpendiculaires abaissées des divers points de la ligne AB sur le plan MN sont parallèles à A*a* (409), et par conséquent elles sont toutes dans le plan

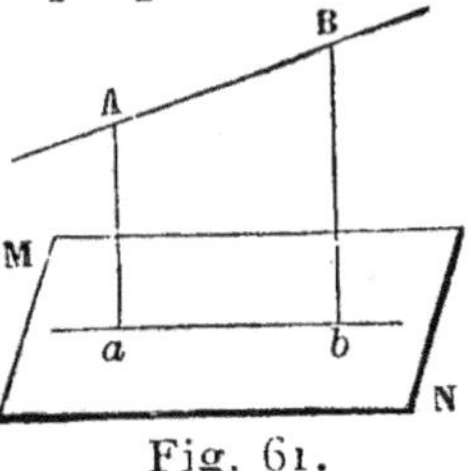

Fig. 61.

BA*ab* (388) : donc leurs pieds seront sur la droite *ab* ; en d'autres termes, la projection de AB sur le plan MN est la droite *ab* ; C. Q. F. D.

465. REMARQUE I. Le plan déterminé par la droite AB et les projetantes de tous ses points est perpendiculaire au plan MN, puisqu'il contient des perpendiculaires à ce plan (456) ; on l'appelle le *plan projetant* de la droite AB.

466. REMARQUE II. Si la ligne AB était perpendiculaire au plan MN, tous ses points se projetteraient au pied de cette droite ; la projection de la droite serait alors un point.

467. REMARQUE III. Pour obtenir la projection d'une droite sur un plan, il suffira de chercher les projections de deux de ses points, et de les joindre par une ligne droite. Lorsque la ligne qu'on projette rencontre le plan de projection, le pied de cette droite est évidemment un des points de sa projection.

468. THÉORÈME. *L'angle aigu qu'une droite AB oblique à un plan M forme avec sa projection sur ce plan est moindre que l'angle qu'elle forme avec toute autre droite passant par son pied dans le plan* (fig. 62).

DÉMONSTRATION. Soit A le point où la droite AB perce le plan M. Je projette en C un autre point quelconque B de la droite AB; AC est alors la projection de la droite AB sur le plan M. Par le point A, je mène une autre droite quelconque AD dans le plan M;

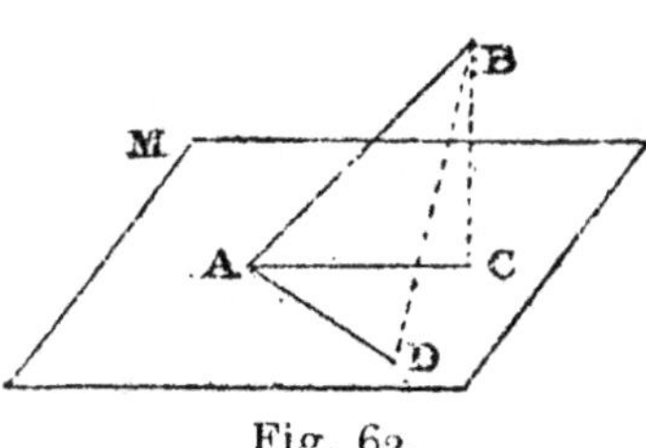

Fig. 62.

je dis que l'angle aigu BAC est moindre que l'angle BAD.

En effet, je prends sur AD une longueur AD égale à AC et je joins BD; les deux triangles BAC, BAD ont le côté BA commun et les côtés AC, AD égaux par construction; mais le troisième côté BC du premier est plus petit que le troisième côté BD du second, puisque BC est perpendiculaire et BD oblique au plan M; donc l'angle BAC est plus petit que l'angle BAD (53); C. Q. F. D.

469. DÉFINITION. Lorsqu'une droite AB est oblique à un plan M (fig. 62), l'angle aigu que cette droite forme avec sa projection AC sur le plan s'appelle l'*angle de la droite et du plan* ou *l'inclinaison de la droite sur le plan*.

Remarquons que cet angle est complémentaire de l'angle ABC que la droite AB forme avec la perpendiculaire abaissée d'un de ses points sur le plan M; car le triangle ABC est rectangle en C.

470. APPLICATIONS. I. Toute droite qui n'est ni verticale ni horizontale est dite *inclinée* à l'horizon, et l'angle qu'elle fait avec un plan horizontal s'appelle l'*inclinaison de cette droite sur l'horizon*. Il résulte de ce qui précède que cette inclinaison est le complément de l'angle que la droite forme avec la verticale.

471. Dans les applications, il est rare qu'on exprime cette inclinaison en degrés, minutes et secondes; on

préfère l'évaluer par un rapport qui s'appelle la *pente* de la droite.

Soient MN un plan horizontal, AB une droite inclinée; de deux points quelconques, A et B, j'abaisse sur le plan MN les perpendiculaires AP et BQ, et, par le point A, je mène AC parallèle à PQ; l'angle BAC mesure évidemment l'inclinaison de la droite AB sur le

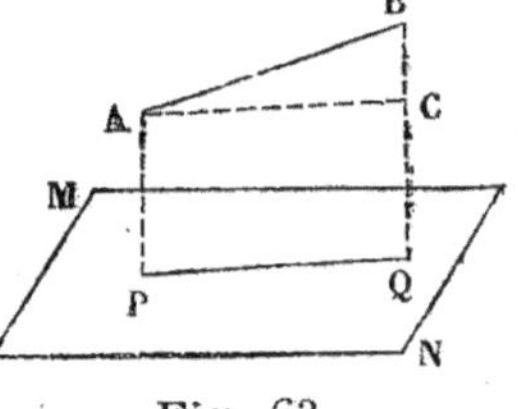

Fig. 63.

plan MN, puisque la ligne AC est parallèle à la projection PQ de la droite sur le plan. Or, cet angle BAC sera connu si l'on donne les côtés BC et AC du triangle rectangle ACB, ou seulement le rapport de ces deux côtés; car on pourra alors faire un triangle rectangle semblable au triangle ACB, et par suite on connaîtra l'angle BAC. On donne le nom de *pente* de la droite au rapport $\dfrac{BC}{AC}$; supposons, pour simplifier, que la projection horizontale de la droite soit égale à 1 mètre, la pente sera alors exprimée par la longueur de la ligne BC ; si cette longueur est égale à $0^m,01$, $0^m,02$, $0^m,03,\ldots$, la pente de la droite sera $\dfrac{1}{100}$, $\dfrac{2}{100}$, $\dfrac{3}{100}$, etc. On dit aussi quelquefois, dans ce cas, que la pente est de 1, ou 2 ou 3 centimètres par mètre. D'une manière générale, nous dirons que *la pente d'une droite est le rapport de la différence des hauteurs verticales de deux de ses points à la projection horizontale de la ligne qui joint ces deux points.*

472. II. Tout plan qui n'est ni horizontal ni vertical est dit *incliné à l'horizon*, et l'angle dièdre que ce plan forme avec un plan horizontal s'appelle l'*inclinaison de ce plan sur l'horizon.*

473. Lorsqu'un plan n'est pas horizontal, on peut, par un point donné dans ce plan, y tracer une horizontale, et on n'en peut mener qu'une. En effet, par le point donné, menons un plan horizontal, son intersection avec le plan donné sera une horizontale, d'après la définition même ; par le même point, on ne peut pas mener, dans le plan donné, d'autre ligne horizontale ; car, si l'on en pouvait mener deux, ce plan serait horizontal (415), ce qui est contre l'hypothèse.

Toutes les horizontales qu'on peut mener dans un plan vertical ou incliné sont parallèles. En effet, on les obtient toutes en coupant le plan donné par des plans horizontaux ; ces derniers, étant parallèles, rencontrent le plan donné suivant des droites parallèles (430).

474. Lorsqu'un plan est incliné, toutes les lignes perpendiculaires aux horizontales de ce plan s'appellent des *lignes de plus grande pente* ; il est facile de justifier cette dénomination. Soient P un plan quelconque (fig. 64), H un plan horizontal qui le coupe suivant l'horizontale MN ; AB, une perpendiculaire, et AC, une oblique à l'horizontale MN, menées toutes les deux dans le plan P ; je dis que la pente de la droite AB est plus forte que celle de la droite AC. En effet, je projette le point A sur le plan horizontal H, en a, et je joins aB et aC ; la droite AB, perpendiculaire à MN, est plus courte que l'oblique AC ; mais ces deux droites sont obliques au plan H ; donc, la première est plus rapprochée du pied a de la perpendiculaire, c'est-à-dire que aB est plus courte que aC. Or, la pente de la droite AB est $\dfrac{Aa}{Ba}$, et celle de AC est $\dfrac{Aa}{Ca}$ (471) ; ces deux fractions ont le même

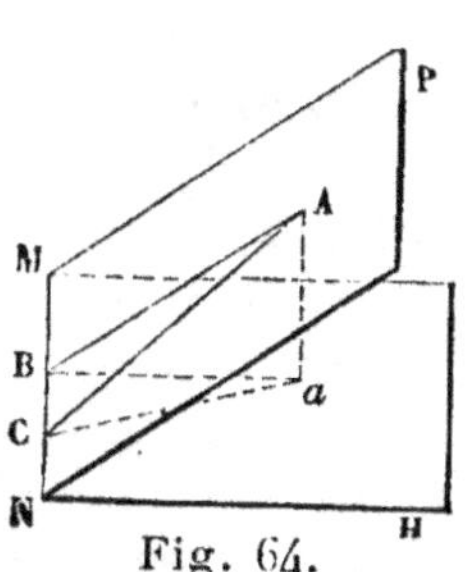

Fig. 64.

numérateur, et le dénominateur de la première est plus petit que le dénominateur de la seconde; donc la première fraction est la plus grande des deux, c'est-à-dire que la pente de la droite AB est plus forte que celle de la droite AC; c. q. f. d.

475. Remarquons maintenant que l'angle ABa, qui mesure l'inclinaison de la droite AB sur le plan H, n'est autre chose que l'angle plan correspondant au dièdre PMNH, c'est-à-dire que l'inclinaison de la ligne AB sur l'horizon est égale à l'inclinaison du plan P. Or, nous avons vu qu'on peut évaluer l'inclinaison d'une droite sur l'horizon par le moyen de sa pente; l'inclinaison du plan P sera donc connue si l'on donne la pente de la droite AB; pour cette raison, cette quantité s'appelle aussi la *pente du plan incliné*; c'est ce qu'on exprime en disant que *la pente d'un plan incliné est la pente de sa ligne de plus grande pente.*

476. La considération des lignes de plus grande pente d'un plan incliné est de la plus grande utilité dans la pratique, notamment dans la fortification et dans le tracé des routes. Une route est une suite de plans horizontaux, qu'on appelle quelquefois des *paliers*, et de plans inclinés qui se nomment des *rampes;* une rampe doit avoir une pente assez faible pour que les chevaux puissent y traîner leur chargement sans trop de fatigue : l'expérience a prouvé que, sur une route ordinaire, la pente ne doit pas excéder 8 ou 10 centièmes; sur les chemins de fer, on évite autant qu'on le peut les pentes supérieures à $\frac{1}{100}$, et on ne va guère au delà de $\frac{25}{1000}$ ou $\frac{1}{40}$ dans les chemins de fer de montagne.

477. Quand on met un corps pesant sur un plan incliné, on voit le corps se mettre en mouvement sous l'action de la pesanteur, pourvu toutefois que le frot-

tement ne soit pas trop considérable; l'expérience et le raisonnement font voir en outre que ce corps suit la ligne de plus grande pente du plan incliné (V. la *Mécanique*). Il en résulte cette conséquence remarquable, que le corps pesant suit le chemin le plus court pour arriver dans un plan horizontal quelconque; car la ligne de plus grande pente AB est plus courte que la ligne AC terminée au même plan horizontal H (fig. 64). C'est ainsi que la pluie qui s'écoule sur un toit suit toujours le chemin le plus court pour arriver au bord du toit, pourvu toutefois que ce bord soit horizontal, ce qui a lieu le plus ordinairement.

478. Lorsqu'un terrain plan est incliné, on a souvent besoin d'y tracer une ligne de plus grande pente, soit pour déterminer la pente de ce terrain, soit pour y tracer un canal ou un chemin. On peut y arriver en se servant du niveau d'eau et de la mire. On place la mire en un point quelconque du terrain, et on dispose le voyant de manière que sa ligne de foi soit dans le plan horizontal déterminé par le niveau de l'eau dans les deux fioles; on arrête le voyant dans cette position, puis l'aide transporte la mire en un autre point du terrain, et se déplace avec elle sans toucher au voyant jusqu'à ce que la ligne de foi soit de nouveau dans le même plan horizontal; la ligne passant par les deux points où la mire a été placée successivement sera une horizontale du terrain, et, en lui menant une perpendiculaire, on aura la ligne de plus grande pente. Ce procédé manque de précision, parce que le niveau d'eau est un instrument très imparfait.

479. III. Nous avons défini au chap. IV du livre IV ce qu'on entend par *plan d'un terrain horizontal*, et nous avons décrit les principales méthodes employées pour *lever* un plan.

Lorsque la surface du terrain n'est pas plane, ou lorsque c'est un plan incliné, on appelle *plan* de ce terrain la figure qu'on obtiendrait en projetant sur un plan horizontal les principales lignes du terrain, les chemins, les cours d'eau, les lignes de séparation des différentes parcelles, etc. Voici les principales modifications qu'il faudrait apporter aux méthodes de levé précédemment exposées pour les rendre applicables à un terrain non horizontal.

1° On ne mesure pas les longueurs des droites du terrain, mais les longueurs des projections horizontales de ces droites. A cet effet, au lieu d'appliquer la chaîne sur le sol en cheminant d'une extrémité à l'autre de la droite, on la tend bien horizontalement entre les fiches consécutives.

2° De même, au lieu de mesurer l'angle formé par deux droites du terrain, on mesure l'angle formé par les projections horizontales de ces droites, ou, comme on dit, l'angle *réduit à l'horizon*. Il suffit, pour cela, de disposer le graphomètre de manière que son limbe soit horizontal.

Problèmes à résoudre.

1. Pourrait-on prendre pour mesurer un angle dièdre l'angle de deux droites obliques à l'arête et menées dans les deux faces ?

2. Si l'on abaisse d'un point quelconque des perpendiculaires sur les deux faces d'un dièdre, l'angle de ces perpendiculaires est égal à l'angle-plan du dièdre, ou bien il en est le supplément.

8. Trouver le lieu géométrique des points équidistants de deux plans donnés.

4. Trouver le lieu géométrique des points équidistants de trois plans donnés.

5. Toutes les perpendiculaires abaissées d'un point donné dans l'espace sur des plans passant par une même droite sont dans un même plan.

6. Si l'on mène un plan quelconque par la bissectrice de l'angle plan d'un dièdre, les traces de ce plan sur les deux faces du dièdre sont également inclinées sur son arête.

7. Par une droite oblique à un plan on peut toujours mener un plan perpendiculaire à ce plan, et l'on n'en peut mener qu'un.

8. Si une droite est verticale, sa perspective sur un plan vertical est aussi verticale, et l'ombre portée sur ce plan est également verticale.

9. Mener par une droite donnée un plan incliné d'un angle donné sur un plan donné.

10. Étant donnés deux plans P et Q et un point A du plan Q, mener par ce point dans le plan Q une droite AB qui fasse avec le plan P un angle donné.

11. Deux droites non situées dans un même plan étant données, on peut toujours leur mener une perpendiculaire commune, et on ne peut leur en mener qu'une.

12. La condition nécessaire et suffisante pour qu'une droite soit perpendiculaire à un plan est que les projections de la droite sur deux plans qui se coupent soient respectivement perpendiculaires aux traces du plan sur les deux plans de projection.

13. La condition nécessaire et suffisante pour qu'un angle droit AOB ait pour projection sur un plan P un angle droit *aob*, c'est que l'un des côtés au moins de AOB soit parallèle au plan P.

14. Placer entre deux droites données quelconques un segment de droite de longueur donnée et parallèle à un plan donné.

15. Trouver le lieu du milieu d'une droite de longueur donnée rencontrant deux droites rectangulaires non situées dans un même plan.

16. Si deux droites sont égales et parallèles, leurs projections sur un même plan sont égales et parallèles.

CHAPITRE V

Notions très sommaires sur les angles trièdres et polyèdres.

480. Définitions. On appelle *angle trièdre* la figure formée par trois plans qui se coupent en un même point ; ce point est le *sommet* de l'angle trièdre, et les intersections mutuelles des trois plans en sont les *arêtes*. Les angles plans formés par ces arêtes prises deux à deux s'appellent les trois *faces* de l'angle trièdre.

On appelle de même *angle polyèdre* la figure formée par plusieurs plans qui se coupent en un même point. L'angle polyèdre est dit *convexe*, lorsque, en prolongeant indéfiniment le plan de chacune des faces, la figure est placée tout entière d'un même côté de cette face prolongée.

481. Si l'on prolonge au delà du sommet les arêtes d'un angle polyèdre, on forme un nouvel angle polyèdre, qui est dit le *symétrique* du premier. Deux angles polyèdres symétriques ont leurs faces égales chacune à chacune, comme opposées par le sommet, et leurs dièdres égaux chacun à chacun comme opposés par l'arête. Mais ces angles polyèdres ne sont pas superposables, parce que la disposition des éléments égaux est inverse dans les deux, comme il est aisé de s'en assurer, en concevant deux observateurs placés de la même manière dans les deux angles polyèdres.

Pour montrer qu'on ne peut pas superposer deux angles polyèdres symétriques, prenons, par exemple, les deux trièdres symétriques SABC, SA′B′C′ (fig. 65), et faisons coïncider la face A′SB′ avec son égale ASB. On peut

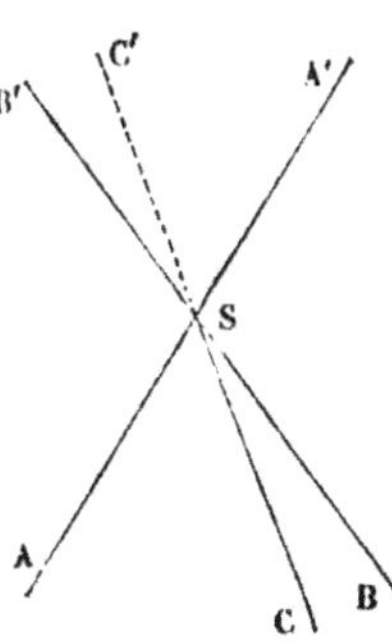

y arriver de deux manières : 1° en faisant tourner la figure SA′B′C′ de 180° autour d'une perpendiculaire au plan ASB menée par le point S ; mais alors l'arête SC′ restera derrière le plan ASB et ne pourra coïncider avec l'arête SC qui est en avant ; 2° en faisant tourner la figure SA′B′C′ de 180° autour de la bissectrice de l'angle BSA′ ; mais alors l'arête SA′ s'appliquera sur SB, et à moins que l'angle dièdre SA′ ne soit égal à l'angle dièdre SB, les deux trièdres ne coïncideront pas.

Fig. 65.

Si le dièdre SA est égal au dièdre SB, le trièdre SABC pourra coïncider avec son symétrique et la face A′SC′ coïncidera avec la face BSC ; donc, *si dans un trièdre deux dièdres sont égaux, les faces opposées à ces dièdres sont égales, et le trièdre est égal à son symétrique.* Réciproquement, *si deux faces d'un trièdre sont égales, le trièdre est égal à son symétrique, et les dièdres opposés aux faces égales sont égaux.*

482. Théorème. *Dans un trièdre, chaque face est moindre que la somme des deux autres* (fig. 66).

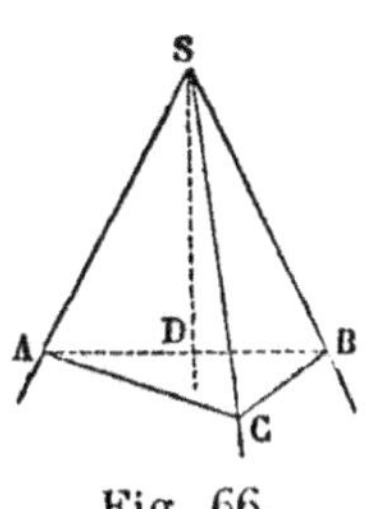

Démonstration. Soit SABC un trièdre, ASB la plus grande face ; dans le plan de cette face, je mène la ligne SD faisant avec SA un angle ASD égal à ASC et je mène la ligne AB qui coupe SD au point D ; je prends ensuite SC égale à SD, et je joins AC, BC. Les triangles ASC, ASD ont SA commun, SC = SD

Fig. 66.

et angle ASC = ASD ; donc ils sont égaux et AC = AD. Dans le triangle ABC, on a :

$$AB < AC + BC;$$

retranchant des deux membres les longueurs égales AD
et AC, il reste

$$BD < BC.$$

Cela posé, dans les triangles SBD, SBC on a : SB
commun, SD $=$ SC et BD $<$ BC. Donc (53) angle
BSD $<$ BSC ; et si l'on ajoute aux deux membres les
angles égaux ASD et ASC, il vient enfin

$$ASB < ASC + BSC. \qquad \text{c. q. f. d}$$

483. Théorème. *La somme des faces d'un angle
polyèdre convexe est inférieure à quatre angles
droits* (fig. 67),

Démonstration. Soit O
un angle polyèdre con-
vexe ; je le coupe par
un plan MN, qui ren-
contre toutes les arêtes
d'un même côté du som-
met, et j'obtiens le polygone convexe ABCDE. Je
joins tous les sommets de
ce polygone à un point P
pris dans son intérieur ;

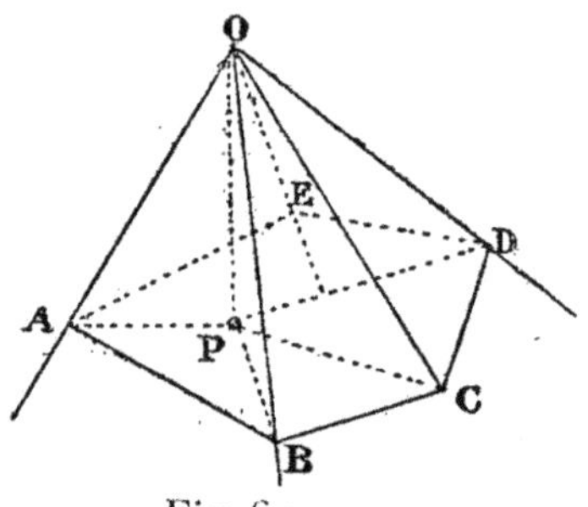

Fig 67.

j'obtiens ainsi un même nombre de triangles ayant pour
sommet commun, les uns le point O, les autres le point P.
Dans l'angle trièdre AOBE, la face BAE est plus petite
que la somme des deux autres :

$$BAE < BAO + EAO ;$$

on a de même, dans les autres faces :

$$ABC < ABO + CBO,$$
$$BCD < BCO + DCO, \text{ etc. } ;$$

et si l'on ajoute toutes ces inégalités, on en conclut que
la somme des angles à la base des triangles disposés
autour du point O est plus grande que la somme des
angles à la base des triangles formés autour du point P ;
donc, par compensation, la somme des angles formés

autour du point O est moindre que la somme des angles formés autour du point P, c'est-à-dire moindre que 4 droits; C. Q. F. D.

Problèmes à résoudre.

1. Trois droites partant d'un même point font entre elles des angles de 110°, 113° et 137°; ces droites sont-elles dans un même plan ?

2. Trouver le lieu des points équidistants des trois faces d'un angle trièdre.

3. Trouver un point équidistant de quatre plans donnés dans l'espace.

4. Dans un trièdre isocèle, le plan mené par l'arête commune aux deux faces égales et par la bissectrice de la face opposée est perpendiculaire à cette face.

5. Toute section faite dans un trièdre ayant un dièdre droit par un plan perpendiculaire à l'une des arêtes est un triangle rectangle.

6. Dans tout angle trièdre, les plans qui divisent les trois dièdres en deux parties égales se coupent suivant une même droite.

7. Si, par les bissectrices des faces d'un trièdre, on mène des plans perpendiculaires à ces faces, ces plans se coupent suivant une même droite.

8. Dans tout angle trièdre, les plans menés par les arêtes perpendiculairement aux faces opposées se coupent suivant une même droite.

9. Si par le sommet d'un angle trièdre, et dans chaque face, on mène une perpendiculaire à l'arête opposée, ces trois droites sont dans un même plan.

10. Si l'on coupe un angle trièdre trirectangle OABC par un plan qui rencontre les arêtes aux points A, B, C, le carré de l'aire du triangle ABC est égal à la somme des carrés des aires des triangles OAB, OBC, OCA.

11. Couper un angle polyèdre à quatre faces de manière que la section soit un parallélogramme.

LIVRE VI

CHAPITRE PREMIER

PROPRIÉTÉS DES PRISMES ET DES PARALLÉLÉPIPÈDES

484. DÉFINITIONS. On appelle *polyèdre* un corps terminé de tous côtés par des plans. Ces plans se coupent deux à deux suivant les lignes droites qu'on nomme les *arêtes* du polyèdre. Les arêtes situées dans un même plan déterminent des polygones qui sont les *faces* du polyèdre, et l'ensemble de toutes ces faces constitue la surface extérieure du polyèdre. Les sommets des différentes faces s'appellent les *sommets* du polyèdre. Enfin les inclinaisons mutuelles des plans des faces se nomment les *angles dièdres* du polyèdre.

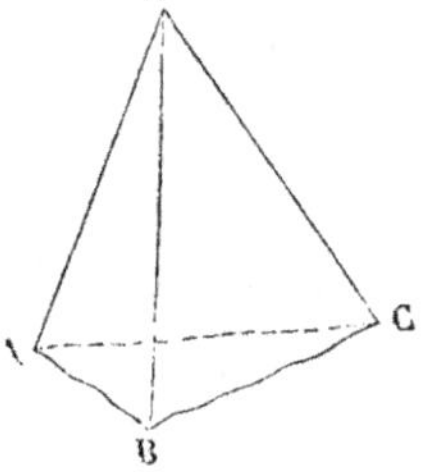

Il faut au moins quatre plans pour former un polyèdre; trois plans forment une figure ouverte OABC (fig. 68), qui est un angle trièdre.

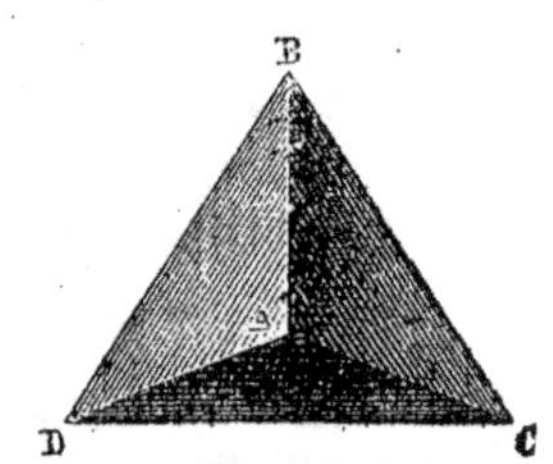

Fig. 68.

Si l'on coupe un angle trièdre par un plan qui ne passe pas par le sommet, on obtient un polyèdre à quatre faces, ACBD (fig. 69), auquel on a donné le nom de *tétraèdre*. Un tétraèdre a six arêtes, six angles dièdres, quatre faces triangulaires, quatre sommets et quatre angles trièdres; c'est le plus simple des polyèdres.

Fig. 69.

On appelle *diagonale* d'un polyèdre toute ligne droite qui joint deux sommets non situés dans la même face ; un tétraèdre n'a pas de diagonale.

§ 1er. Du prisme.

485. DÉFINITIONS. On nomme *prisme* un polyèdre qui a deux faces polygonales égales et parallèles ABCDE, A′B′C′D′E′, réunies l'une à l'autre par des parallélogrammes, ABB′A′, BCC′B′,

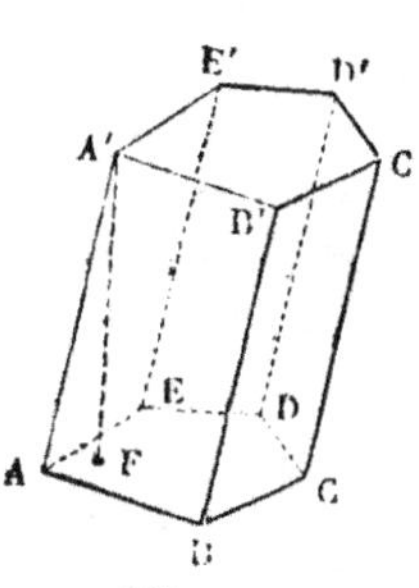

etc. Les deux polygones égaux et parallèles ABCDE, A′B′C′D′E′ s'appellent les *bases* du prisme, et les faces parallélogrammes en sont les *faces latérales* ; on donne encore le nom d'*arétes latérales* du prisme aux lignes égales et parallèles AA′, BB′, CC′, etc., qui joignent deux à deux les sommets des deux bases.

Fig. 70.

On distingue les prismes par le nombre des côtés de leurs bases ; ainsi, suivant que la base est un triangle, ou un quadrilatère, ou un pentagone, etc., le prisme est dit *triangulaire, quadrangulaire, pentagonal*, etc. Dans le langage industriel, les faces latérales portent le nom de *pans*, et on dit alors qu'un prisme a trois, quatre, cinq, six pans, etc.

Un prisme est *droit*, lorsque les arêtes latérales sont perpendiculaires aux plans des bases ; les faces latérales sont alors des rectangles, et les plans de ces faces sont aussi perpendiculaires aux plans des bases (456). Lorsque les arêtes latérales sont obliques aux plans des bases, le prisme est dit *oblique*.

On appelle *hauteur* d'un prisme la distance des plans des deux bases ; si d'un point quelconque de la base supérieure, du point A′ par exemple (fig. 70), on abaisse une perpendiculaire A′F sur le plan de la base inférieure, cette ligne mesure la distance des plans des deux bases (402); c'est donc la hauteur du prisme. Quand le prisme est droit, sa hauteur n'est autre chose que l'arête latérale.

On appelle *tronc de prisme* ou *prisme tronqué* le polyèdre qu'on obtient lorsqu'on coupe un prisme par un plan non parallèle aux bases, et qu'on détache ainsi une portion du prisme; tel est le polyèdre ABCDEFGH (fig. 71).

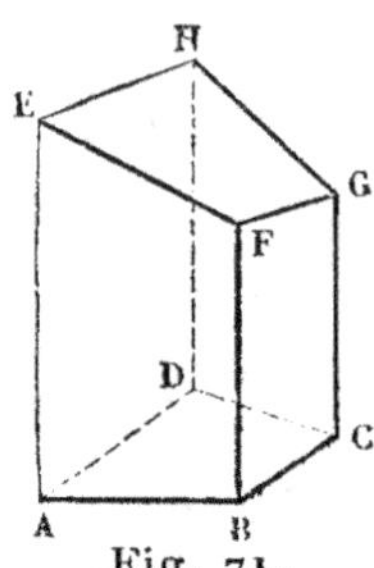
Fig. 71.

486. On rencontre dans la nature un grand nombre de cristaux qui affectent la forme prismatique; certaines roches non cristallisées se fendent en morceaux qui sont aussi des prismes plus ou moins réguliers; les alvéoles des abeilles sont des polyèdres qu'on déduit d'un prisme hexagonal par des troncatures convenables; mais c'est surtout dans les corps façonnés par la main de l'homme qu'on trouve fréquemment cette forme : nous pouvons citer les prismes en verre qui servent dans les expériences d'optique, la plupart des pierres de taille et des pièces de charpente, les règles et les doubles décimètres à biseau, les équerres d'arpenteur, certaines boîtes en bois ou en carton, etc.

Les prismes tronqués se rencontrent aussi assez fréquemment : les tas de pierres que l'on met sur le bord des routes pour les réparer, beaucoup de pièces de charpente, sont des troncs de prisme pleins; les auges des maçons, certains tombereaux, les toits de beaucoup de maisons rectangulaires sont des troncs de prisme creux.

487. THÉORÈME. *Les sections faites dans un prisme par des plans parallèles sont des polygones égaux.*

DÉMONSTRATION. Soient MNOPQ, RSTUV les polygones qu'on obtient en coupant le prisme ABCDEFGHKL par deux plans parallèles (fig. 72); je dis que ces polygones sont égaux. En effet, les deux lignes MN et RS sont parallèles comme étant les inter-

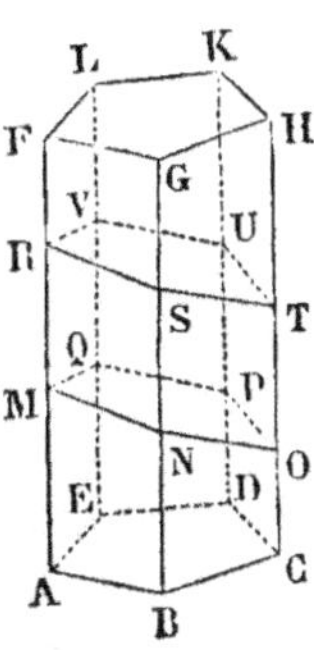

Fig. 72.

sections de deux plans parallèles par le plan de la face ABGF (430); comme d'ailleurs AF et BG sont parallèles, les lignes MN et RS sont égales (106): on verrait de même que les lignes NO et ST sont égales et parallèles et ainsi de suite; les deux polygones MNOPQ, RSTUV ont ainsi leurs côtés égaux deux à deux et parallèles. Il résulte de là que ces deux polygones ont aussi leurs angles égaux chacun à chacun, comme ayant les côtés parallèles et dirigés dans le même sens (437); donc enfin ces deux polygones, qui ont les côtés et les angles égaux chacun à chacun, sont égaux; C. Q. F. D.

488. Remarque. On appelle *section droite* d'un prisme le polygone qu'on obtient en coupant ce prisme par un plan perpendiculaire à ses arêtes latérales; il résulte du théorème précédent que la section droite d'un prisme est la même, en quelque point qu'on la construise. Quand le prisme est droit, la section droite est égale à la base.

489. Théorème. *Deux prismes droits, qui ont des bases égales et des hauteurs égales, sont égaux.*

Démonstration. Soient ABC... KL, A′B′C′...K′L′ deux prismes droits qui ont des bases égales et des hauteurs

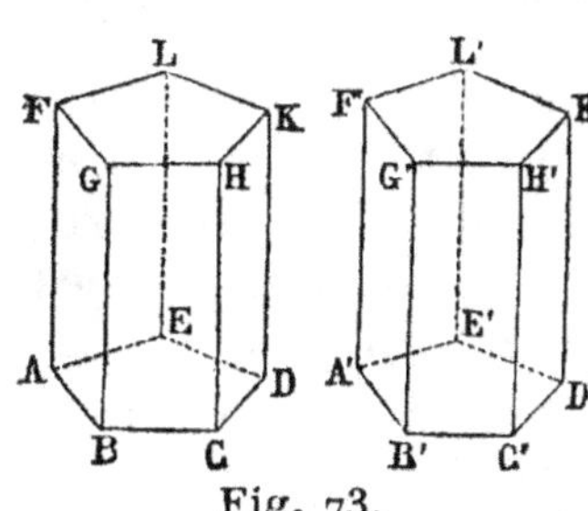

Fig. 73.

égales; portons le second polyèdre sur le premier, de manière que la base A′B′C′D′E′ s'applique sur son égale ABCDE; l'arête A′F′, perpendiculaire au plan A′B′C′D′E′, prendra la direction de l'arête AF, perpendiculaire au plan ABCDE (395), et comme les deux prismes ont même hauteur, le point F′ tombera au point F; pour la même raison, les points G′, H′, K et L' coïncideront avec les points G, H, K, L ; donc les deux prismes coïncideront; C. Q. F. D.

§ 2. Du parallélépipède.

490. DÉFINITIONS. On donne le nom de *parallélépipède* au prisme qui a pour base un parallélogramme (fig. 74). Il est clair que toutes les faces d'un parallélépipède sont des parallélogrammes. Le parallélépipède est *droit*, quand les arêtes latérales sont perpendiculaires aux plans des bases.

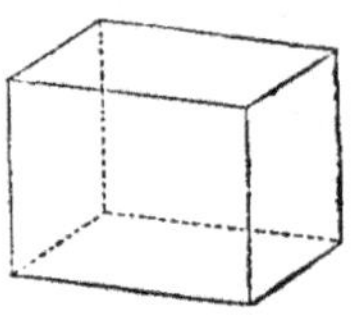
Fig. 74.

On appelle *parallélépipède rectangle* un parallélépipède droit dont la base est un rectangle; les six faces d'un parallélépipède rectangle sont toutes des rectangles.

Les longueurs des trois arêtes partant d'un même sommet du parallélépipède rectangle se nomment les trois *dimensions* de ce parallélépipède.

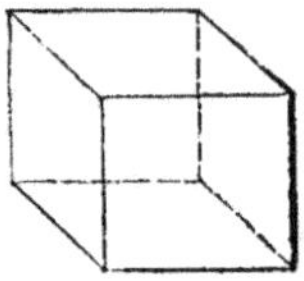

Enfin, si la base d'un parallélépipède rectangle est un carré, et que les faces latérales

Fig. 75.

soient aussi des carrés, le corps prend le nom de cube (fig. 75). Un cube est donc un polyèdre dont les six faces sont des carrés ègaux ; toutes les arêtes de ce corps sont égales entre elles, et tous ses angles dièdres sont droits.

491. De tous les prismes, les parallélépipèdes sont ceux qu'on trouve le plus fréquemment dans les produits industriels; les pierres de taille qui forment les assises d'un mur, les briques, les moellons, les piliers, les planches, les barres de fer, les caisses et les boîtes en bois et en carton, et une foule d'autres objets, ont la forme d'un parallélépipède rectangle ou d'un cube; les dés à jouer sont aussi des cubes. Le parallé-

4.

lépipède oblique se rencontre moins souvent; mais la nature nous en offre de nombreux exemples dans les cristaux : tels sont les cristaux de *spath d'Islande*, qui ont la forme d'un parallélépipède oblique dont toutes les faces sont des losanges.

492. THÉORÈME. *Les faces opposées d'un parallélépipède sont égales et parallèles.*

DÉMONSTRATION. Soit ABCDEFGH un parallélépipède dont les bases sont les parallélogrammes ABCD et EFGH ; ces parallélogrammes sont égaux et parallèles, d'après la définition (485) ; je vais démontrer qu'il en est de même de deux autres faces opposées quelconques, par exemple, des deux faces AEHD et BFGC. En effet, les deux lignes AD et BC sont égales et parallèles . comme côtés opposés du parallélogramme ABCD ; pour la même raison, les deux lignes AE et BF sont aussi égales et parallèles ; donc les angles DAE, CBF sont égaux et leurs plans sont parallèles

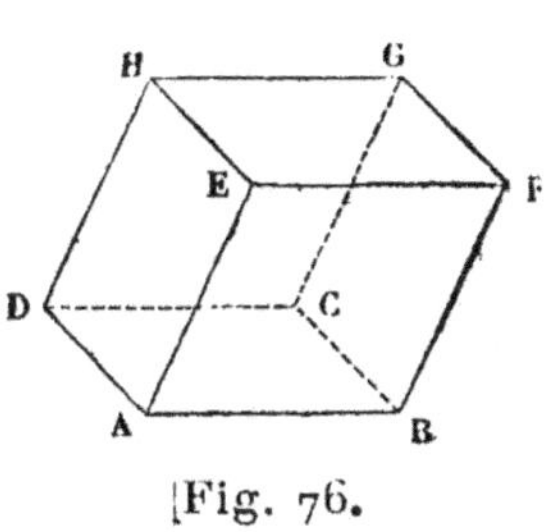
[Fig. 76.

(437) ; de plus les deux parallélogrammes AEHD, BFGC ont un angle égal compris entre côtés égaux chacun à chacun : par conséquent ils sont égaux ; donc enfin les deux faces opposées sont égales et parallèles ; c. q. f. d.

493. COROLLAIRE I. *Deux faces opposées quelconques d'un parallélépipède peuvent être prises pour bases de ce parallélépipède.* Car les deux bases d'un prisme sont assujetties à la seule condition d'être des polygones égaux et parallèles.

494. COROLLAIRE II. *Tout plan qui rencontre deux faces opposées d'un parallélépipède le coupe suivant un parallélogramme.*

En effet, les intersections de deux faces opposées d'un parallélépipède par un plan quelconque sont parallèles

(430); donc, si un plan rencontre les quatre faces latérales d'un parallélépipède, qui sont opposées deux à deux, la section sera un quadrilatère ayant ses côtés opposés parallèles, c'est-à-dire un parallélogramme; c. q. f. d.

Si le plan sécant rencontrait à la fois les six faces du parallélépipède, la section serait un hexagone ayant ses côtés opposés parallèles deux à deux.

495. Théorème. *Les quatre diagonales d'un parallélépipède se coupent mutuellement en deux parties égales.*

Démonstration. Considérons deux diagonales quelconques du parallélépipède ABCDEFGH (fig. 77), par exemple AG et BH. Les lignes AB et GH sont égales et parallèles comme arêtes opposées du parallélépipède; donc la figure ABGH est un parallélogramme (111), et les diagonales AG et BH de ce parallélogramme se coupent en un point O, qui est le milieu de chacune d'elles (112). On verrait de même que chacune des autres diagonales coupe la diagonale AG en son milieu O; donc les quatre diagonales du parallélépipède passent par un même point O, qui est le milieu de chacune d'elles; c. q. f. d.

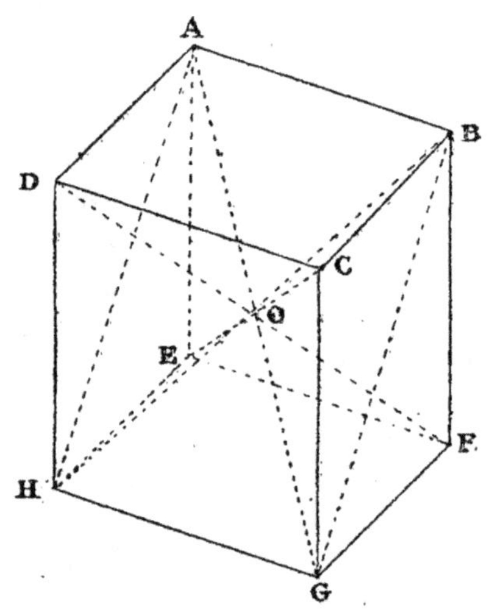

Fig. 77.

Le point O s'appelle le *centre* du parallélépipède.

Problèmes à résoudre.

1. On donne trois droites telles que deux quelconques ne soient pas situées dans un même plan, et l'on demande de construire un parallélépipède ayant trois arêtes situées sur ces trois droites.

2. Si par le centre d'un parallélépipède on mène une droite quelconque limitée de part et d'autre à la surface du parallélépipède, elle est divisée par ce centre en deux parties égales.

3. Couper un parallélépipède suivant un losange.

4. Couper un cube par un plan de manière que la section soit un hexagone régulier.

5. Les diagonales d'un parallélépipède rectangle sont égales, et le carré de l'une d'elles est égal à la somme des carrés des trois dimensions du parallélépipède.

6. Dans un parallélépipède quelconque, la somme des carrés des arêtes est égale à la somme des carrés des diagonales.

7. Par les extrémités des trois arêtes adjacentes à un sommet d'un cube, on fait passer un plan et un autre par les extrémités des trois arêtes adjacentes au sommet opposé. Comment ces plans divisent-ils la diagonale qui joint les deux sommets du cube ?

8. Même question en prenant un parallélépipède.

CHAPITRE II

MESURE DU VOLUME DU PRISME

496. Définitions. Pour mesurer le volume d'un corps, il faut avant tout choisir l'unité de volume. On est convenu de prendre pour *unité de volume le volume du cube qui a pour côté l'unité de longueur*. En France, où les unités de longueur usitées sont le mètre, ses multiples et ses sous-multiples, les unités de volume seront des cubes ayant pour côtés le mètre, le décimètre le centimètre, le millimètre, ou bien le décamètre, l'hectomètre, le kilomètre ou le myriamètre. On donne le nom de *mètre cube* au cube qui a un mètre de côté ; et on appelle de même *décimètre cube, centimètre cube*, etc., les cubes qui ont pour côtés le décimètre ou le centimètre, etc. Nous désignerons ces diverses unités de volume par les abréviations usitées pour les mesures de longueur, en les faisant suivre de la lettre c ; ainsi $m.\ c.$ voudra dire *mètres cubes* ; $d.\ c.,\ c.\ c.,\ mm.\ c.$, signifieront *décimètres cubes, centimètres cubes, millimètres cubes*.

497. Toutes ces unités de volume ont entre elles des rapports très simples : on a fait voir en arithmétique, et nous démontrerons bientôt que le mètre cube vaut 1 000 décimètres cubes, celui-ci, 1 000 centimètres cubes, etc. ; et, en général, que *chacune des unités de volume vaut* 1 000 *fois celle qui la suit immédiatement par ordre de grandeur*. Il résulte de là que, pour passer d'une de ces unités à une autre, il suffira de multiplier ou de diviser les nombres qui expriment les volumes par 1 000, ou par 1 000 000, ou par 1 000 000 000, etc. ; si, par exemple, un volume est exprimé en centimètres cubes, et qu'on veuille le rapporter au mètre cube, ou au décimètre cube, il suffira de diviser le nombre qui représente ce volume par 1 000 000 ou par 1 000.

498. On emploie encore sous le nom de *mesures de capacité* des unités de volume qui dérivent des précédentes ; ce sont : le *litre*, qui équivaut à un décimètre cube ; le *décalitre*, qui vaut 10 litres ; l'*hectolitre*, qui vaut 100 litres, le *décilitre*, qui est la 10ᵉ partie du litre, et le *centilitre*, qui en est la 100ᵉ partie.

499. Deux corps sont dits *équivalents*, lorsqu'ils ont des volumes égaux, sans qu'on puisse les superposer. Ainsi un prisme peut être équivalent à un tétraèdre, à un cube, à un solide quelconque.

500. THÉORÈME. *Tout prisme oblique est équivalent au prisme droit qui a pour base sa section droite et pour hauteur son arête latérale* (fig. 78).

DÉMONSTRATION. Soit ABCDEA'B'C'D'E' un prisme oblique ; par les sommets **A** et A' des deux bases, je construis les sections droites AFGHI, A'F'G'H'I', qui forment avec les arêtes du prisme prolongées un prisme droit ayant pour hauteur l'arête latérale **AA'** du prisme donné. Je remarque d'abord que les arêtes BB' et FF' des deux prismes sont égales, comme étant égales toutes les deux à AA' ; il en résulte immédiatement que FB = F'B' ; de même, GC = G'C', HD = H'D', etc.

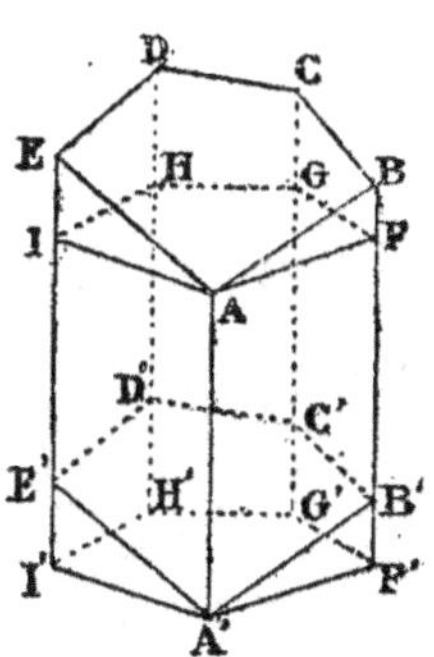

Fig. 78.

Cela posé, transportons le polyèdre A'F'G'H'I'B'C'D'E' sur AFGHIBCDE, de manière que le polygone A'F'G'H'I' coïncide avec son égal AFGHI (487) ; les arêtes F'B', G'C'... perpendiculaires au plan A'F'G' se confondront avec FB, GC... perpendiculaires au plan AFG : et de plus ces arêtes ayant deux à deux des longueurs égales, les deux polyèdres coïncideront. Or, en retranchant du solide total le polyèdre A'F'G'.... E', on obtient le prisme oblique, et en retranchant du solide total le polyèdre égal AFG... E, on a le prisme droit ;

donc le prisme droit et le prisme oblique sont équivalents ; C. Q. F. D.

501. THÉORÈME. *Le plan mené par deux arêtes opposées d'un parallélépipède le décompose en deux prismes triangulaires équivalents.*

DÉMONSTRATION. Soit ABCDEFGH (fig. 79) un parallélépipède quelconque ; par les arêtes opposées DH et BF je fais passer un plan qui décompose le parallélépipède en deux prismes triangulaires ABDEFH, CBDGFH, que je dis être équivalents. En effet, construisons la section droite MNOP du parallélépipède ; cette section est un parallélogramme, parce que les côtés opposés sont les intersections du plan de la section droite par les plans des faces opposées du parallélépipède, plans qui sont parallèles (492). Alors les deux triangles MNP

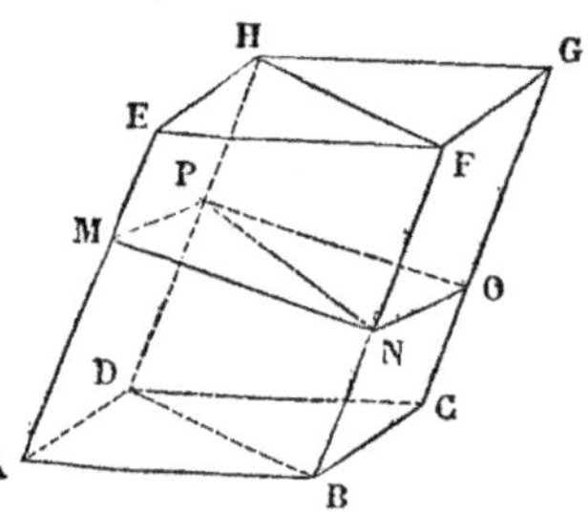

Fig. 79.

et ONP sont égaux, et ces triangles sont précisément les sections droites des prismes triangulaires ABDEFH et CBDGFH. Or, le prisme oblique ABDEFH est équivalent au prisme droit qui a pour base MNP et pour hauteur BF ; et de même le prisme oblique CBDGFH est équivalent au prisme droit qui a pour base ONP et pour hauteur BF. Ces deux prismes droits sont égaux, comme ayant des bases égales et même hauteur (489) ; donc les deux prismes obliques qui leur sont respectivement équivalents, sont équivalents entre eux ; C. Q. F. D.

502. THÉORÈME. *Le volume d'un parallélépipède rectangle a pour mesure le produit de ses trois dimensions.*

DÉMONSTRATION. Je suppose d'abord que les dimensions du parallélépipède rectangle soient des multiples de l'unité de longueur. Soit ABCDEFGH un parallélépipède rectangle dont les arêtes CD, CA et CH sont respectivement égales à 5 mètres, 2 mètres et 3 mètres. La base ABCD du parallélépipède contient 5×2 ou 10 mètres carrés (227) ; sur chacun de ces mètres carrés, on pourra placer un mètre cube, comme on le voit en CMNO ; on

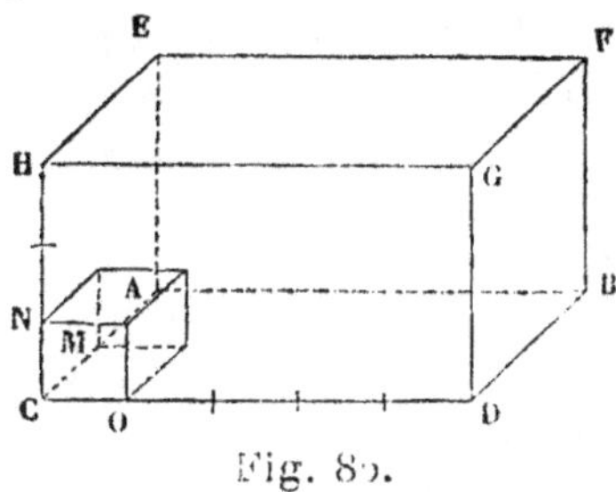

Fig. 8).

aura ainsi une tranche de 10 mètres cubes, et cette tranche n'aura qu'un mètre de hauteur ; pour remplir tout le parallélépipède, il faudra trois tranches pareilles. Le parallélépipède contiendra donc en tout $5 \times 2 \times 3$ ou 30 mètres cubes ; son volume est donc exprimé par le produit de ses trois dimensions ; C. Q. F. D.

En particulier, considérons un cube dont le côté soit égal à 10 fois l'unité de longueur, il contiendra $10 \times 10 \times 10$ ou 1000 fois l'unité de volume ; ce qui démontre que le mètre cube vaut 1 000 décimètres cubes, le décimètre cube, 1 000 centimètres cubes, et ainsi de suite.

Prenons maintenant un parallélépipède rectangle dont les dimensions soient quelconques ; supposons, par exemple, qu'elles soient égales à $2^m,5$, $4^m,92$ et $0^m,69$; j'exprime toutes ces longueurs au moyen d'une unité assez petite, pour qu'elles soient représentées par des nombres entiers ; il faudra ici les rapporter au centimètre ; elles seront alors égales à 250 centimètres, 492 centimètres, et 69 centimètres. La démonstration précédente prouve que le volume du parallélépipède rectangle est égal à $250 \times 492 \times 69$ ou à 8 487 000 centimètres cubes ; mais le centimètre cube est la millionième partie du mètre cube ; donc ce volume, rapporté au mètre cube comme unité, sera $8^{m\cdot c\cdot},487\,000$; or, d'après la règle de la multiplication des nombres décimaux, ce nombre aurait pu être obtenu en multipliant les trois nombres décimaux 2,50, 4,92 et 0,69 ; par conséquent le volume du parallélépipède rectangle, est encore mesuré par le produit de ses trois dimensions ; c. q. f. d.

503. Corollaire I. La base du parallélépipède est un rectangle, dont l'aire a pour mesure le produit de ses deux dimensions ; il en résulte que le *parallélépipède rectangle a pour mesure le produit de sa base par sa hauteur.*

504. Corollaire II. Le cube est un parallélépipède rectangle, dont toutes les dimensions sont égales ; donc *le volume du cube a pour mesure le cube de son côté.* C'est à cause de cette propriété que l'on a donné le nom de cube à la troisième puissance d'un nombre.

505. Remarque. En désignant par V le volume d'un parallélépipède rectangle dont les dimensions sont A, B, C, on a la formule :

$$V = A \times B \times C ;$$

si ce parallélépipède est un cube, et que A soit son côté, on aura :

$$V = A^3.$$

Au moyen de ces formules, on peut calculer l'une des dimensions d'un parallélépipède rectangle quand on connaît son volume et ses deux autres dimensions, ou bien le côté d'un cube dont le volume est donné.

Applications. I. Les dimensions d'une plaque de marbre qui a la forme d'un parallélépipède rectangle, sont les suivantes :

$$\text{Longueur.} \ldots \ldots \ldots 1^m,28,$$
$$\text{Largeur.} \ldots \ldots \ldots 0^m,32,$$
$$\text{Épaisseur.} \ldots \ldots \ldots 18 \text{ millimètres.}$$

Quel est son volume?

Il faut d'abord ramener les trois dimensions à la même unité, au mètre par exemple; alors le volume exprimé en mètres cubes sera

$$1,28 \times 0,32 \times 0,018 = 0^{mc}, 0073728;$$

on peut dire encore qu'il est égal à 7 décimètres cubes 372 centimètres cubes 800 millimètres cubes.

II. Une auge en pierre rectangulaire a les dimensions intérieures suivantes :

$$\text{Longueur.} \dots \dots \dots \quad 0^{m},94,$$
$$\text{Largeur.} \dots \dots \dots \quad 0^{m},45,$$
$$\text{Profondeur.} \dots \dots \dots \quad 0^{m},52;$$

calculer sa capacité en litres.

Le volume intérieur de cette auge, exprimé en mètres cubes, sera

$$0,94 \times 0,45 \times 0,52 = 0^{mc}, 21996;$$

sa valeur en litres sera 219^l, 96 ou 2 hectolitres 19 litres 96 centilitres.

III. Une pierre de taille de forme cubique a 87 centimètres de côté; quel est son volume?

Le volume demandé, exprimé en centimètres cubes, est

$$87^3 = 658503^{cc};$$

pour exprimer ce même volume en mètres cubes, il suffit de diviser le nombre qui précède par 1 000 000, ce qui donne 0^{mc}, 658503.

IV. On veut fabriquer un coffre rectangulaire pouvant contenir 25 hectolitres de blé; la superficie du fond de ce coffre est de 60 décimètres carrés; quelle profondeur faut-il lui donner?

25 hectolitres valent 2^{mc},5, et 60 décimètres carrés valent 0^{mq},6; si l'on connaissait la profondeur, en la

multipliant par 0,6, on aurait le volume 2,5 ; donc cette profondeur est égale à

$$\frac{2,5}{0,6} = 4^m,167,$$

à un millimètre près.

V. La capacité d'un vase cubique est de 216 centimètres cubes ; quelle est la longueur du côté?

C'est évidemment la racine cubique de 216 ou 6 centimètres.

506. THÉORÈME. *Le volume d'un parallélépipède droit est égal au produit de sa base par sa hauteur* (fig. 81).

DÉMONSTRATION. Soit ABCDEFGH le parallélépipède droit dont la base est ABCD et la hauteur AE ; prenons ADHE pour base (493), et par le point A menons un plan perpendiculaire à AB ; ce plan

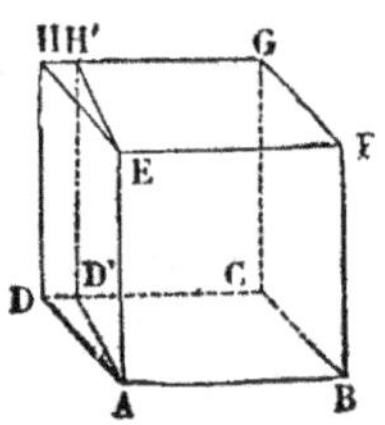

Fig. 81.

contiendra AE qui est perpendiculaire au plan ABCD et par suite à AB ; la section AEH'D' déterminée par ce plan est un rectangle ; car AE est perpendiculaire au plan ABCD, et par suite à AD'. Cela posé, le prisme oblique AEHDB est équivalent au prisme qui a pour base sa section droite AEH'D' et pour hauteur son arête latérale AB (500) ; et comme ce prisme droit a pour base un rectangle, sa mesure est (502) : AE $\times$ AD' $\times$ AB. Enfin, si l'on remarque que AB $\times$ AD' est la mesure de l'aire du parallélogramme ABCD, on en conclut que le volume du parallélépipède donné a pour mesure

$$ABCD \times AE ;$$ C. Q. F. D.

507. THÉORÈME. *Le volume d'un parallélépipède oblique est égal au produit de sa base par sa hauteur* (fig. 82).

Démonstration. Soit ABCDE le parallélépipède oblique ayant pour base ABCD ; je prends
pour base ADHE, et je construis la
section droite EKNO perpendiculaire
à l'arête AB ; on peut remplacer le
parallélépipède oblique par le parallélépipède droit qui a pour base
EKNO et pour hauteur AB (500) ; sa
mesure sera donc (506) EKNO $\times$ AB.
Mais l'aire du parallélogramme EKNO

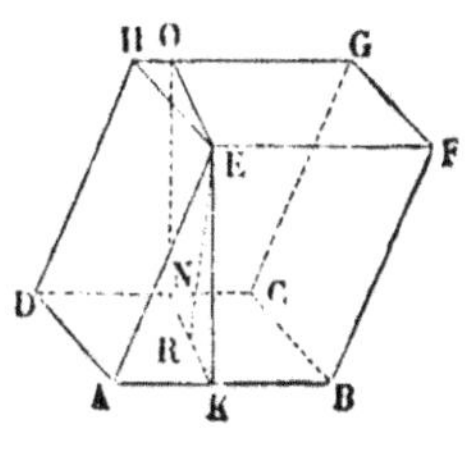

Fig. 82.

est égale à sa base NK multipliée par sa hauteur ER ; donc
le volume du parallélépipède oblique est

$$AB \times NK \times ER.$$

Cela posé, je remarque que NK, qui est une ligne du
plan EKNO perpendiculaire à AB, est elle-même perpendiculaire à AB, et par suite que le produit AB $\times$ NK
représente l'aire du parallélogramme ABCD. D'autre
part, les plans ABCD et EKNO sont perpendiculaires,
puisque le premier contient la ligne AB perpendiculaire
au second (456) ; et la ligne ER, menée dans le plan
EKNO perpendiculairement à l'intersection NK des deux
plans, est perpendiculaire au plan ABCD (458) ; cette
ligne est donc la hauteur du parallélépipède oblique
ABCDE. Il résulte de là que le volume de ce parallélépipède a pour expression ABCD $\times$ ER, c'est-à-dire le
produit de sa base par sa hauteur ; C. Q. F. D.

508. Théorème. *Le volume d'un prisme quelconque
est égal au produit de sa base par sa hauteur.*

Démonstration. 1º Je suppose d'abord que le prisme
donné soit un prisme triangulaire. Si par deux des arêtes
latérales de ce prisme on mène des plans parallèles aux
faces opposées, on forme un parallélépipède qui a même
hauteur que le prisme et une base double ; et l'on sait (501)
que ce parallélépipède a un volume double de celui du
prisme. Or le volume du parallélépipède a pour mesure

le produit de sa base par sa hauteur (507); donc le volume du prisme vaut la moitié de ce produit ;
ou, ce qui revient au même, il est égal au produit de sa base par sa hauteur, puisque sa base est la moitié de celle du parallélépipède.

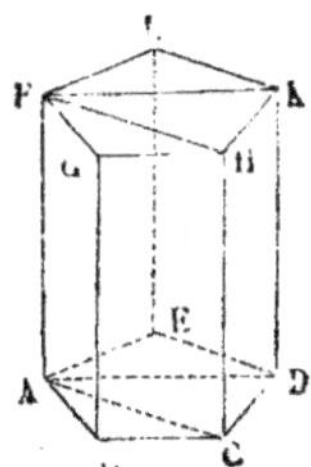

Fig. 83.

2º Soit en second lieu un prisme polygonal ABCDEFGHKL (fig. 83). Par l'arête AF et par chacune des autres arêtes je fais passer des plans qui décomposent le prisme donné en prismes triangulaires ; chacun d'eux a pour mesure le produit du triangle qui lui sert de base par la hauteur commune; le prisme polygonal aura donc pour mesure la somme des triangles multipliée par la hauteur, ou sa base multipliée par sa hauteur ; C. Q. F. D.

REMARQUE. Les théorèmes des nᵒˢ 502, 506, 507 et 508 peuvent être tous compris dans un seul énoncé : *Tout prisme a pour mesure le produit de sa base par sa hauteur.*

509. COROLLAIRES. 1º *Deux prismes qui ont des bases équivalentes et des hauteurs égales, sont équivalents.*

2º *Deux prismes de même hauteur sont entre eux comme leurs bases.*

3º *Deux prismes qui ont des bases équivalentes sont proportionnels à leurs hauteurs.*

Ce sont des conséquences évidentes de l'énoncé qui précède.

APPLICATIONS. I. Une colonne prismatique a pour base un hexagone régulier dont l'aire est égale à 18 décimètres carrés; sa hauteur est de 7ᵐ,20 ; quel est son volume

Je rapporte au mètre carré l'aire de la base, ce qui donne $0^{mq},18$; le volume demandé est alors

$$0,18 \times 7,20 = 1^{mc},296.$$

II. La section droite d'un fossé est un trapèze dont les bases sont $0^m,33$ et $1^m,98$ et la hauteur est $1^m,31$; on demande quelle est la longueur de ce fossé, sachant que la terre qu'on a extraite pour le creuser a un volume de 542 mètres cubes.

L'aire de la section est égale à

$$\frac{0,33 + 1,98}{2} \times 1,31 = 1^{mq},51305 ;$$

en multipliant cette aire par la longueur du fossé, on aurait le volume 542^{mc}; donc la longueur s'obtiendra en divisant 542 par 1,51305, ce qui donne $358^m,2$ à un décimètre près.

Problèmes à résoudre.

1. Trouver le nombre de décimètres cubes que renferme un parallélépipède rectangle qui a $1^m,50$ de longueur, $1^m,20$ de largeur et 55 millimètres d'épaisseur.

2. Combien y a-t-il de centimètres cubes dans un parallélépipède droit à base carrée dont la hauteur a 55 décimètres et dont le côté de la base a $1^m,33$?

3. Quel est le poids d'un bloc de granit taillé en parallélépipède rectangle dont les dimensions seraient

$$a = 2^m,5, \quad b = 5^{dm},5, \quad c = 42^{cm} ;$$

la densité du granit étant 2,7.

4. Le piédestal d'une statue est un cube dont le côté a $2^m,25$. Quel est son volume et quel est son poids, si ce bloc est en granit dont la densité est 2,7 ?

5. L'arête latérale d'un prisme triangulaire droit a $10^{dm},5$; l'un des côtés de la base a $1^m,66$ et la hauteur de la base perpendiculaire sur ce côté a 15^{dm}. Calculer le volume de ce prisme.

6. Trouver à moins d'un millimètre près la diagonale d'un cube dont le côté a 1^m. Quelle serait la diagonale si le côté du cube avait $1^m,4$?

7. Quel est le volume et quelle est la surface totale d'un cube dont la diagonale a 1^m de longueur ?

8. Quel est le volume du cube dont la surface a 1^{mq} ?

9. Calculer le côté du cube équivalent à un parallélépipède rectangle ayant pour dimensions

$$a = 8^m,\ b = 12^m,5,\ c = 10^m.$$

10. Un prisme droit a pour base un octogone régulier dont le côté a 47^{cm} ; la hauteur du prisme est égale à 5 mètres. Calculer le volume de cette colonne prismatique.

11. Trouver le côté d'une pile de bois cubique qui renfermerait 100 stères.

12. Un prisme triangulaire droit a pour base un triangle équilatéral et sa hauteur est égale au côté de sa base. Son volume est égal à $729^{dc},5$. Calculer son côté.

13. Calculer la surface totale d'un cube qui aurait un volume égal à 7 mètres cubes.

14. Un prisme régulier à base hexagonale a une hauteur égale à 27 fois le diamètre de sa base ; son volume est égal à 8^{dc}. Calculer le côté de la base.

15. Les dimensions d'un parallélépipède rectangle sont entre elles comme les nombres 1, 2, 3 et son volume est $7005^{mc},456$. Calculer ses dimensions.

16. Le volume d'un parallélépipède rectangle est $15^{mc},680$; ses dimensions sont proportionnelles aux nombres $\frac{2}{3}, \frac{3}{8}$ et $\frac{7}{18}$; calculer ces dimensions.

17. Un bassin qui a la forme d'un prisme hexagonal régulier a une capacité de 2000 hectolitres ; sa profondeur est de $1^m,50$. On demande la longueur des côtés de la base.

18. Un bloc de basalte a la forme d'un prisme ayant pour base un hexagone régulier, dont le côté est de $0^m,03$; la hauteur de ce prisme est égale à $3^m,45$, et le mètre cube de basalte pèse 2850 kilogrammes. Quel est le poids de ce bloc ?

19. Un bassin a la forme d'un prisme dont la base est un octogone régulier de 10 mètres de côté. Le fond de ce bassin est horizontal et la hauteur de l'eau qui y est contenue est de $0^m,75$. Calculer en hectolitres le volume de cette eau.

20. Le volume d'un prisme triangulaire a pour mesure la moitié du produit de l'aire d'une face latérale par la distance de cette face à l'arête opposée.

21. Si, sur trois droites parallèles et non situées dans le même plan, on prend des longueurs AA', BB', CC', égales à une droite donnée, le volume du prisme triangulaire ABCA'B'C' est constant, quelles que soient les positions des points A,B,C sur les trois droites.

CHAPITRE III

MESURE DU VOLUME DE LA PYRAMIDE, D'UN POLYÈDRE
QUELCONQUE

§ 1ᵉʳ. — Propriétés de la pyramide.

510. Définitions. On appelle *pyramide* un polyèdre
compris entre un polygone plan ABCDE, et les triangles
que l'on obtient en joignant un point S de l'espace à tous
les sommets de ce polygone. Le poly-
gone ABCDE est la *base* de la pyramide, et le point S en est le *sommet*;
les triangles SAB, SBC, SCD... s'appellent les *faces latérales* de la pyramide, et les arêtes SA, SB, SC...,
qui partent du sommet, prennent le
nom d'*arêtes latérales*. On appelle
hauteur de la pyramide la longueur
de la perpendiculaire SO, abaissée du sommet sur le
plan de la base.

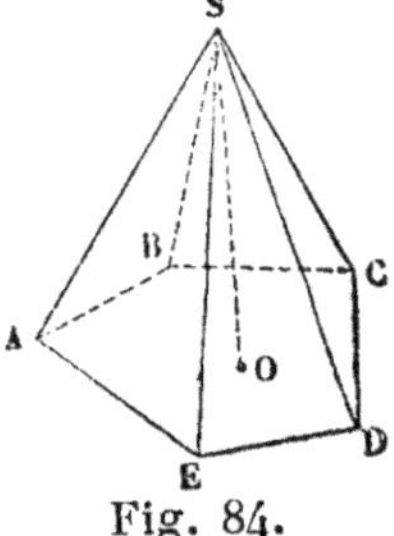

Fig. 84.

Une pyramide est dite *triangulaire, quadrangulaire,
pentagonale,* etc., quand sa base est un triangle, un
quadrilatère, un pentagone, etc. La pyramide triangulaire
n'est autre chose qu'un tétraèdre (484).

Une pyramide est dite *régulière* lorsque sa base est
un polygone régulier, et que la hauteur tombe au centre
de la base. Les pyramides d'Égypte sont des pyramides
régulières à base carrée.

511. Théorème. *Si l'on coupe une pyramide par un
plan parallèle à sa base,*

5.

   1° *Les arêtes latérales et la hauteur sont divisées en parties proportionnelles ;*

   2° *La section obtenue est un polygone semblable à la base ;*

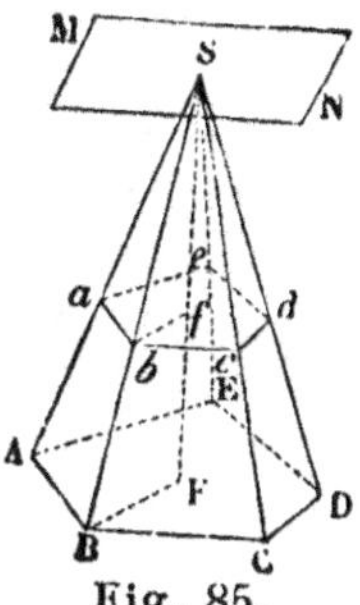

Fig. 85.

   3° *Le rapport des aires de la section et de la base est égal au rapport des carrés de leurs distances au sommet.*

   DÉMONSTRATION. 1° Soient SABCDE une pyramide, *abcde* une section faite par un plan parallèle à la base, SF la hauteur de la pyramide, qui coupe en *f* le plan de la section. Par le sommet S menons un plan MN parallèle à la base de la pyramide ; les trois plans parallèles ABCDE, *abcde*, MN interceptent sur les droites qui les rencontrent des segments proportionnels (441). On a donc :

$$\frac{Sa}{SA} = \frac{Sb}{SB} = \frac{Sc}{SC} = \ \cdots\cdots \ \frac{Sf}{SF} ;$$

C. Q. F. D.

   2° Les lignes AB et *ab*, BC et *bc*, CD et *cd*, etc., sont deux à deux parallèles comme intersections des deux plans parallèles ABCDE, *abcde* par les plans des différentes faces (430) ; donc les angles des deux polygones ABCDE, *abcde*, sont égaux chacun à chacun, comme ayant les côtés parallèles et dirigés dans le même sens (437). De plus, à cause du parallélisme des droites *ab* et AB, les triangles S*ab*, SAB sont semblables (259), et donnent la proportion

$$\frac{ab}{AB} = \frac{Sa}{SA} \cdot$$

On a de même les autres proportions :

$$\frac{bc}{BC} = \frac{Sb}{SB} ;$$

$$\frac{cd}{CD} = \frac{Sc}{SC} ;$$

et ainsi de suite. Or les deuxièmes rapports de ces proportions sont tous égaux, d'après la première partie du théorème ; donc il en est de même des premiers, et l'on a :

$$\frac{ab}{AB} = \frac{bc}{BC} = \frac{cd}{CD} = \ldots$$

Les aires des deux polygones $abcde$, ABCDE ont donc les angles égaux et les côtés proportionnelles ; par conséquent ils sont semblables (268) ; C. Q. F. D.

3° Les aires des deux polygones semblables $abcde$, ABCDE sont proportionnelles aux carrés de leurs côtés homologues (354) ; on aura donc :

$$\frac{abcde}{ABCDE} = \frac{\overline{ab}^2}{\overline{AB}^2} ;$$

d'autre part, il résulte des deux premières parties du théorème, que le rapport $\dfrac{ab}{AB}$ est égal au rapport $\dfrac{Sa}{SA}$, et que ce dernier est égal au rapport $\dfrac{Sf}{SF}$; on aura donc :

$$\frac{ab}{AB} = \frac{Sf}{SF} ; \quad \text{d'où} \quad \frac{\overline{ab}^2}{\overline{AB}^2} = \frac{\overline{Sf}^2}{\overline{SF}^2} .$$

Cette proportion et la première ont un rapport commun ; les deux autres rapports sont donc égaux, ce qui donne :

$$\frac{abcde}{ABCDE} = \frac{\overline{Sf}^2}{\overline{SF}^2} ;$$

C. Q. F. D.

512. **Corollaire.** *Si deux pyramides ont des bases équivalentes et des hauteurs égales, et qu'on y fasse des sections parallèles aux bases et à la même distance des sommets, ces sections seront équivalentes.*

Soient SABCD, S′A′B′C′ (fig. 86) les deux pyramides qui ont leurs bases ABCD, A′B′C′ équivalentes, et même hauteur $SK = S'K'$; je les coupe par des plans parallèles aux bases et à la même distance des sommets ; je désigne par H la hauteur commune des deux pyramides, et par h la distance des plans des sections aux sommets respectifs. On aura, d'après le théorème précédent (3°),

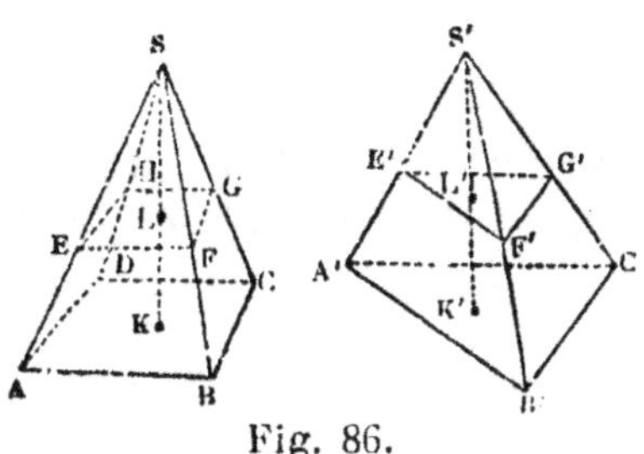

Fig. 86.

$$\frac{EFGH}{ABCD} = \frac{h^2}{H^2} ; \quad \frac{E'F'G'}{A'B'C'} = \frac{h^2}{H^2} ;$$

on en déduit :

$$\frac{EFGH}{ABCD} = \frac{E'F'G'}{A'B'C'} ;$$

or les dénominateurs de ces rapports égaux sont égaux par hypothèse ; donc les numérateurs le sont aussi, et l'on a : $EFGH = E'F'G'$; c. q. f. d.

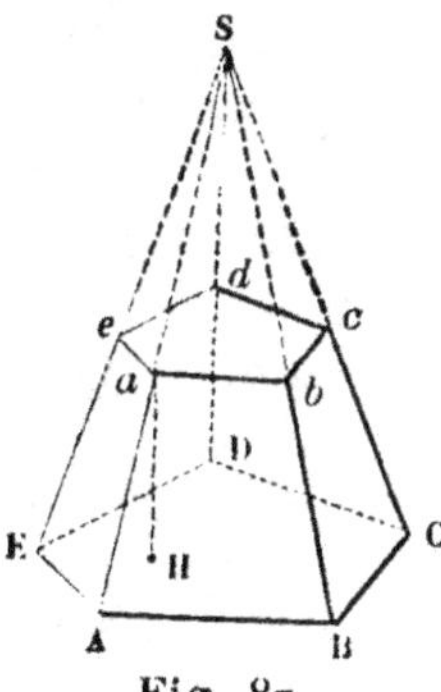

Fig. 87.

513. Définitions. Si l'on coupe une pyramide SABCDE par un plan parallèle à sa base, et qu'on enlève la pyramide supérieure S*abcde*, le polyèdre restant s'appelle une *pyramide tronquée*, ou un *tronc de pyramide à bases parallèles*. Les deux polygones semblables ABCDE, *abcde* s'appellent les deux *bases* du tronc, et la distance de leurs plans, *a*H, se nomme la *hauteur* du tronc.

§ 2. — Mesure des volumes de la pyramide et du tronc
de pyramide.

514. THÉORÈME. *Deux pyramides triangulaires*
SABC, S'A'B'C', *qui ont des bases équivalentes et
des hauteurs égales, sont équivalentes* (fig. 88).

DÉMONSTRATION. Je partage les hauteurs des deux pyramides en un même nombre de parties égales, et je mène

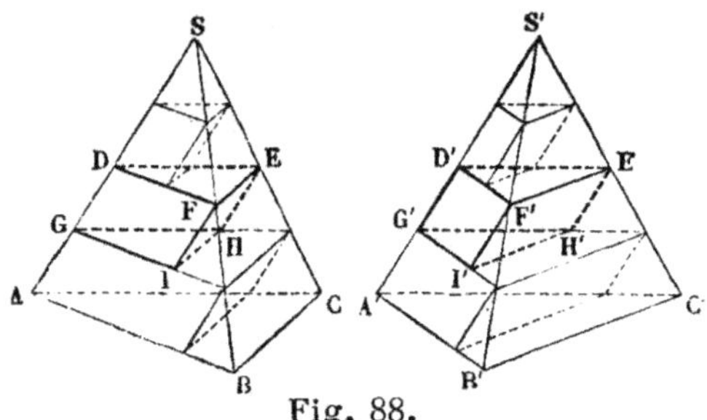

Fig. 88.

par les points de division des plans parallèles aux bases ;
ces plans déterminent dans les deux pyramides des sections semblables aux bases, et l'on sait que deux sections,
telles que DEF, D'E'F', faites dans les deux pyramides à
la même distance du sommet sont équivalentes (512).
Dans les deux pyramides, je construis des prismes tels
que DEFGHI, D'E'F'G'H'I', ayant chacun pour base
supérieure une des sections, pour arêtes latérales des
parallèles à SA et S'A', et pour hauteur la distance constante de deux sections voisines. Tous ces prismes seront
deux à deux équivalents, comme ayant des bases équivalentes et des hauteurs égales ; par suite la somme des
prismes inscrits dans la première pyramide est équivalente à la somme des prismes inscrits dans la seconde.
Or, si l'on augmente indéfiniment le nombre des divisions de chacune des hauteurs, la somme des prismes
inscrits dans chaque pyramide se rapprochera de plus
en plus du volume de cette pyramide ; donc les deux
pyramides elles-mêmes sont équivalentes ; C. Q. F. D.

515. THÉORÈME. *Le volume d'une pyramide trian-gulaire a pour mesure le tiers du produit de sa base par sa hauteur.*

DÉMONSTRATION. Soit SABC une pyramide triangulaire : par les points A et C, je mène des lignes AD et CE égales et parallèles à SB, et je joins SD, SE et DE ; je forme ainsi un prisme triangulaire ABCSDE, qui a même base et même hauteur que la pyramide donnée. Supposons qu'on re-

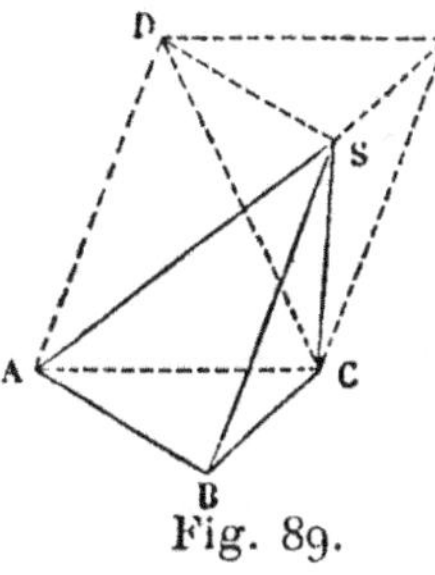

tranche de ce prisme la pyramide triangulaire SABC ; il restera une py-ramide quadrangulaire SACED, dont la base ACED est un parallélogramme. Par les trois points S, C et D, je fais passer un plan qui décompose la pyra-mide quadrangulaire en deux pyrami-des triangulaires SDCE, SDAC, qui ont des bases égales DEC, DAC, et même hauteur, puisqu'elles ont même sommet S et que leurs bases sont dans le même plan. On a donc d'abord (514)

$$\text{vol. SDEC} = \text{vol. SDAC.}$$

Mais la pyramide SDEC peut être regardée comme ayant pour base SDE et pour sommet le point C, et alors on voit que sa base est égale à la base ABC de la pyramide donnée, et que la hauteur de ces deux pyramides est la même : c'est la distance des plans parallèles ABC, SDE ; ces deux pyramides sont donc équivalentes (514), et l'on a :

$$\text{vol. SABC} = \text{vol. SDEC.}$$

Il résulte de là que les trois pyramides qui composent le prisme sont équivalentes ; et par conséquent la pyra-mide donnée SABC est le tiers du prisme de même base et de même hauteur ; or, le volume du prisme a pour mesure le produit de sa base par sa hauteur ; donc celui de la pyramide a pour mesure le tiers du produit de sa base par sa hauteur ; C. Q. F. D.

516. Théorème. *Le volume d'une pyramide quelconque a pour mesure le tiers du produit de sa base par sa hauteur.*

Démonstration. Soit SABCDE une pyramide polygonale ; en faisant passer des plans par l'arête SE et les arêtes non adjacentes, SB et SC, on décompose cette pyramide en pyramides triangulaires, qui ont toutes même hauteur ; chacune d'elles a pour mesure le tiers du produit de sa base par sa hauteur ; donc la pyramide totale a pour mesure le tiers du produit de la somme des bases par la hauteur commune, c'est-à-dire, le tiers du produit de sa propre base par sa hauteur ; c. q. f. d.

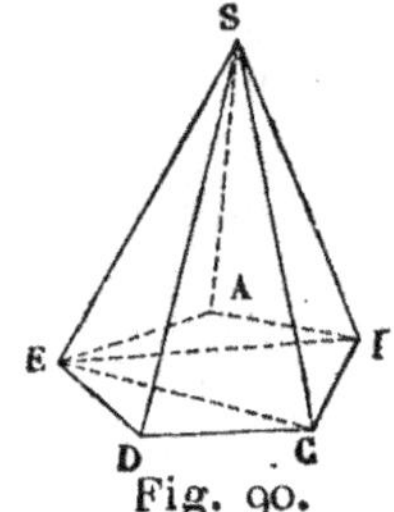
Fig. 90.

517. Corollaires. I. *Toute pyramide est le tiers du prisme de même base et de même hauteur.*

II. *Le rapport des volumes de deux pyramides est égal au rapport des produits de leurs bases par leurs hauteurs.*

518. Remarque. Si l'on désigne par B la base d'une pyramide et par H sa hauteur, son volume sera exprimé par le produit $\frac{1}{3} B \times H$.

Exemple. La plus grande pyramide d'Égypte a pour base un carré de $232^m,75$ de côté ; sa hauteur est de 146 mètres ; quel est son volume ?

L'aire de la base est égale à $232,75^2$, et le volume de la pyramide est

$$\frac{1}{3} : 232,75^2 \times 146 = 2\ 636\ 398^{mc},032$$

à $0^{mc},001$ près par excès. On voit que cette pyramide a un volume très considérable ; on peut s'en faire une idée nette, en supposant qu'avec les matériaux qui la composent on fasse un mur de 2 mètres de hauteur, et de 40 centimètres d'épaisseur ; la longueur du mur serait alors (502) :

$$\frac{2636398,032}{2 \times 0,40} = 3\,270\,497 \text{ mètres,}$$

c'est-à-dire 3270 kilomètres environ ; un pareil mur pourrait faire à peu près le tour de la France.

519. THÉORÈME. *Le volume du tronc de pyramide à bases parallèles est égal à la somme des volumes de trois pyramides, ayant pour hauteur commune la hauteur du tronc, et pour bases respectives la base inférieure du tronc, sa base supérieure et une moyenne proportionnelle entre ces deux bases.*

DÉMONSTRATION. 1° Je suppose d'abord que le tronc de pyramide soit triangulaire ; pour mesurer son volume, je vais le décomposer en pyramides triangulaires. Soit

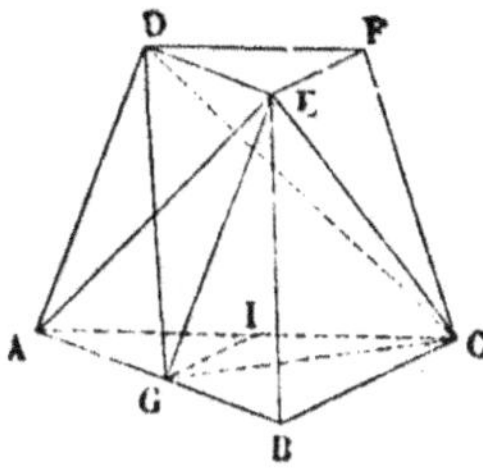

Fig. 91.

ABCDEF le tronc de pyramide dont les bases ABC, DEF sont semblables et parallèles (511) ; par les trois points A, E, C, je fais passer un plan qui détache du solide la pyramide EABC, laquelle a pour hauteur la hauteur du tronc, et pour base la base inférieure ABC du tronc ; c'est donc la première des trois pyramides énumérées dans l'énoncé du théorème.

J'enlève cette pyramide EABC, et il reste une pyramide quadrangulaire EACFD, que je décompose en deux pyramides triangulaires EDFC, EDAC par le plan DEC ; la pyramide EDFC peut être regardée comme ayant pour base DEF et pour sommet le point C ; sa hauteur est donc la même que celle du tronc, et sa base DEF est la base supérieure du tronc ; par conséquent, c'est la seconde des pyramides de l'énoncé.

Il reste encore la pyramide EDAC. Si je mène EG parallèle à AD, et que je joigne le point G aux points D et C, je forme une nouvelle pyramide GDAC équivalente à EDAC ; car elles ont toutes deux pour base DAC, et leurs sommets étant placés sur une parallèle au plan de cette base (421), elles ont aussi même hauteur, elles sont donc équivalentes. Or, la pyramide GADC peut être regardée comme ayant son sommet en D ; elle a alors même hauteur que le tronc, et, pour prouver que c'est la troisième pyramide de l'énoncé, il suffit de faire voir que sa base GAC est moyenne proportionnelle entre les deux bases du tronc de pyramide.

Par le point G, je mène GI parallèle à BC ; les triangles AGI et DEF ont les côtés parallèles, et par suite sont équiangles ; de plus les côtés AG et DE sont égaux comme parallèles comprises entre parallèles ; donc ces triangles sont égaux (50). Les triangles AGC, ABC, qui ont même sommet C et leurs bases AG, AB sur la même ligne droite, ont même hauteur ; donc ils sont entre eux comme leurs bases (236), et l'on a :

$$\frac{ABC}{AGC} = \frac{AB}{AG} ; \qquad [1]$$

de même les deux triangles AGC, AGI, qui ont même hauteur, sont proportionnels à leurs bases AC et AI,

$$\frac{AGC}{AGI} = \frac{AC}{AI} ; \qquad [2]$$

de plus les parallèles GI et BC divisent les côtés AB et AC en parties proportionnelles (254), et l'on a :

$$\frac{AB}{AG} = \frac{AC}{AI} ; \qquad [3]$$

de la comparaison des proportions [1], [2], [3], on déduit immédiatement :

$$\frac{ABC}{AGC} = \frac{AGC}{AGI} ,$$

ce qui prouve que le triangle AGC est une moyenne proportionnelle entre les triangles ABC et AGI, ou ce qui est la même chose entre ABC et DEF. Le théorème est donc démontré pour le tronc de pyramide triangulaire.

2° Considérons maintenant un tronc de pyramide polygonale ABCDEFGH, qui est la différence des deux pyramides SABCD et SEFGH (fig. 92). Sur le plan de la base ABCD, je construis un triangle A'B'C' équivalent au polygone ABCD, et je prends ce triangle pour base d'une pyramide S'A'B'C' ayant même hauteur que la pyramide SABCD ; ces deux pyramides seront alors équivalentes (516). Le plan EFGH détermine dans la pyramide S'A'B'C' une section E'F'G', équivalente à EFGH (512) ; et comme de plus les petites pyramides SEFGH, S'A'B'C' ont même hauteur, elles sont

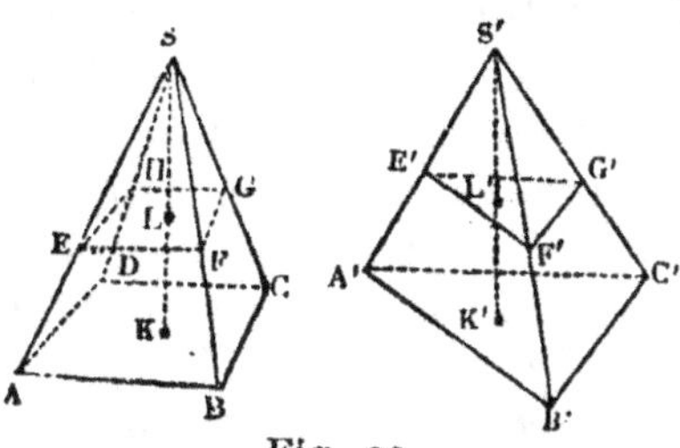

Fig. 92.

aussi équivalentes. Il en résulte que le tronc de pyramide polygonale est équivalent au tronc de pyramide triangulaire A'B'C'E'F'G' ; comme de plus ces deux troncs ont même hauteur et leur bases équivalentes deux à deux, la mesure de leurs volumes aura la même expression ; et le tronc de pyramide polygonale sera équivalent à la somme de trois pyramides ayant pour hauteur commune la hauteur du tronc et pour bases respectives la base inférieure du tronc, sa base supérieure et une moyenne proportionnelle entre ces deux bases.

520. Remarque. Soient B et b les deux bases d'un tronc de pyramide, H sa hauteur ; les volumes des trois pyramides qui composent ce tronc ont pour expressions (518) :

$$\frac{1}{3} \, \mathrm{B} \times \mathrm{H}, \quad \frac{1}{3} \, b \times \mathrm{H}, \quad \frac{1}{3} \, \sqrt{\mathrm{B}b} \times \mathrm{H}$$

donc le volume du tronc sera :

$$\frac{\mathrm{H}}{3} \times (\mathrm{B} + b + \sqrt{\mathrm{B}b}).$$

EXEMPLE. L'obélisque de Luxor est un tronc de pyramide très allongé, à bases carrées, surmonté sur sa petite base d'une pyramide irrégulière. Le côté de la base inférieure a $2^m,42$ de longueur, celui de la base supérieure, $1^m,54$; la distance des deux bases est égale à $21^m,60$, et la hauteur de la pyramide à $1^m,20$. Trouver le poids de l'obélisque, sachant que le mètre cube du granit dont il est formé pèse 2750 kilogrammes.

Cherchons d'abord son volume : l'aire de la grande base du tronc est $2,42^2 = 5^{mq}, 8564$; celle de la petite base est $1,54^2 = 2^{mq},3716$; la moyenne proportionnelle entre les deux bases est $\sqrt{2,42^2 \times 1,54^2}$ ou bien en extrayant les racines carrées des deux facteurs, $2,42 \times 1,54 = 3^{mq},7268$; j'ajoute ces trois nombres, ce qui me donne $11,9548$. Le volume du tronc de pyramide est alors :

$$11,9548 \times \frac{21,60}{3} = 86^{mc},074560.$$

Le volume de la pyramide sera de même :

$$2,3716 \times \frac{1,20}{3} = 0^{mc},948640 \, ;$$

et le volume total de l'obélisque sera enfin

$$86^{mc}, 07456 + 0^{mc}, 94864 = 87^{mc}, 0232.$$

Alors son poids est :

$$2750^{kg} \times 87,0232 = 239 \, 313^{kg},8.$$

ou 2393 quintaux métriques environ.

§ 3. — Mesure du volume d'un polyèdre quelconque, d'un tronc de prisme.

521. PROBLÈME. *Mesurer le volume d'un polyèdre quelconque.*

SOLUTION. On décompose ce polyèdre en pyramides en joignant un point pris dans son intérieur à tous les sommets, et on mesure les volumes de toutes ces pyramides ; puis on les ajoute. Ordinairement, au lieu de prendre un point intérieur pour sommet commun de toutes les pyramides, on prend l'un des sommets du polyèdre ; il est alors facile de mesurer les distances de ce sommet à toutes les faces du polyèdre, c'est-à-dire les hauteurs des pyramides qui composent le solide. C'est en appliquant cette méthode générale, que nous allons trouver la mesure du volume du tronc de pyramide triangulaire.

522. THÉORÈME. *Le volume d'un tronc de prisme triangulaire* ABCDEF *est égal à la somme des volumes de trois pyramides ayant pour base commune la base inférieure* ABC *du tronc, et, pour sommets respectifs, les sommets* D, E, F, *de la base supérieure* (fig. 93).

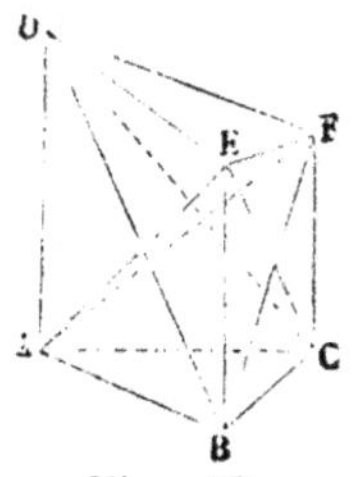

Fig. 93.

DÉMONSTRATION. Par les trois points A, E et C je fais passer un plan, qui détache du tronc de prisme une pyramide triangulaire EABC ayant pour base ABC, et pour sommet le point E ; c'est la première des pyramides énumérées dans l'énoncé.

Il reste une pyramide quadrangulaire EACFD que je décompose en deux pyramides triangulaires par le plan AEF ; la première de ces pyramides EACF est équivalente à la pyramide BACF qui a même base ACF et même hauteur ; car les sommets B et E sont sur une droite BE parallèle au plan de la base (421). D'ailleurs la pyramide ABCF peut être regardée comme ayant pour base ABC et pour sommet le point F ; c'est la seconde des pyramides de l'énoncé.

Prenons enfin la pyramide restante EADF ; on peut d'abord, sans changer son volume, transporter le sommet E au point B sur la ligne BE parallèle au plan de la base, ce qui donne la pyramide BADF. Cette dernière peut être regardée comme ayant pour base le triangle BAD, et alors nous pouvons transporter encore son sommet F en C sur la ligne CF parallèle au plan de sa base, ce qui nous donne la nouvelle pyramide CBAD ; or, on peut prendre pour base de cette pyramide le triangle ABC ; son sommet est alors le point D, et c'est la troisième des pyramides mentionnées dans l'énoncé du théorème.

523. Corollaire. *Le volume d'un tronc de prisme triangulaire a pour mesure le tiers du produit de sa section droite par la somme de ses arêtes.*

Soit GHI la section droite du tronc de prisme ABCDEF ; j'évalue séparément les volumes des deux troncs de prisme GHIABC, et GHIDEF. Le premier est la somme de trois pyramides qui ont pour base commune GHI, et pour sommets respectifs les trois points A, B, C ; les hauteurs de ces pyramides seront les droites AG, BH, CI, perpendiculaires au plan GHI, et la somme des trois pyramides aura pour mesure le tiers du produit de la base commune par la somme des hauteurs, ou

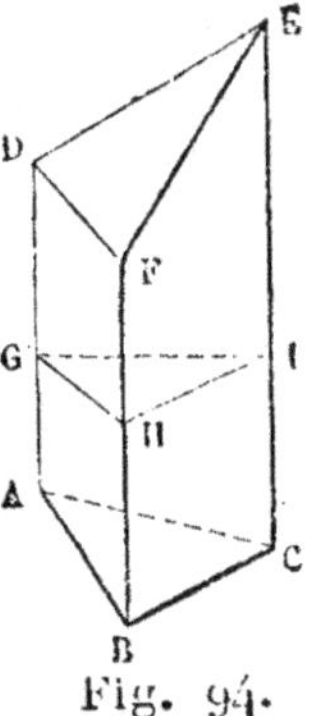

Fig. 94.

$$\frac{1}{3}\,GHI \times (AG + BH + CI) ;$$

pour la même raison, le volume du tronc de prisme GHI DEF aura pour expression

$$\frac{1}{3}\,GHI \times (GD + HF + IE)\,;$$

par suite le volume du tronc de prisme total ABCDEF aura pour mesure

$$\frac{1}{3}\,GHI \times (AG + GD + BH + HF + CI + IE)\,;$$

ou

$$\frac{1}{3}\,GHI \times (AD + BF + CE)\,;$$

C. Q. F. D.

524. REMARQUE. La démonstration précédente s'appliquerait au prisme complet, et donnerait une nouvelle expression de son volume : *le volume du prisme triangulaire a pour mesure sa section droite multipliée par son arête latérale.* C'est là d'ailleurs une conséquence évidente des théorèmes des n°ˢ 500 et 508.

525. VOLUME DU PONTON. Entre autres applications, le théorème précédent sert à déterminer le volume des tas de cailloux ou de sable qu'on place le long des routes, le volume intérieur d'une auge de maçon, d'un tombereau, d'un comble, etc. Pour montrer comment on procède, nous allons nous proposer de mesurer le volume d'un tas de sable ABCDA′B′C′D′ compris entre deux rectangles parallèles ABCD, A′B′C′D′ et des faces latérales qui sont des trapèzes isocèles ; c'est ce volume

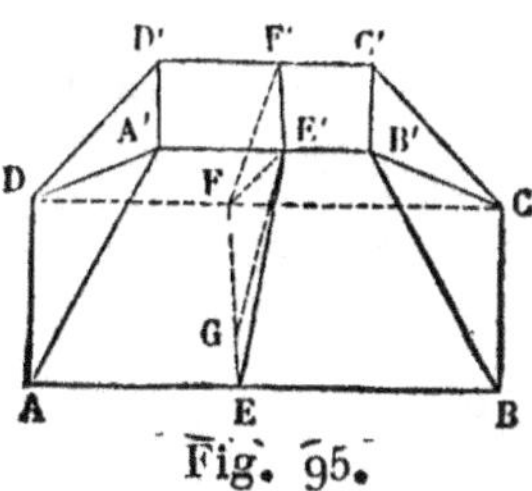

Fig. 95.

qu'on appelle un *ponton.* Par les deux arêtes parallèles CD et A′B′, je fais passer un plan qui décompose le solide en deux troncs de prismes triangulaires, et je coupe ces deux polyèdres par un plan EFE′F′ perpendiculaire à leurs arêtes. J'aurai alors, d'après le corollaire du n° 523 :

$$\text{vol. ADA'BCB'} = \frac{1}{3}\,\text{EFE'} \times (\text{AB} + \text{CD} + \text{A'B'}),$$

$$\text{vol. A'DD'B'CC'} = \frac{1}{3}\,\text{E'FF'} \times (\text{CD} + \text{A'B'} + \text{C'D'}).$$

D'ailleurs l'aire du triangle EFE' est égale à la moitié de sa base EF multipliée par sa hauteur E'G, ou à $\frac{1}{2}\text{EF} \times \text{E'G}$,

et celle du triangle E'FF' est égale à $\frac{1}{2}\text{E'F'} \times \text{E'G}$. Si nous remarquons de plus qu'on a $\text{AB} = \text{CD}$, $\text{A'B'} = \text{C'D'}$, $\text{EF} = \text{AD}$, et $\text{E'F'} = \text{A'D'}$, et si nous posons :

$$\text{AB} = a, \qquad \text{A'B'} = a', \qquad \text{E'G} = h,$$
$$\text{AD} = b, \qquad \text{A'D'} = b'.$$

nous pourrons écrire :

$$\text{vol. ADA'BCB'} = \frac{1}{6}\,\text{EF} \times \text{E'G} \times (2\text{AB} + \text{A'B'}) = \frac{bh}{6}(2a + a'),$$

$$\text{vol. A'DD'B'CC'} = \frac{1}{6}\text{E'F'} \times \text{E'G} \times (\text{AB} + 2\text{A'B'}) = \frac{b'h}{6}(2a' + a)$$

et, en ajoutant, nous aurons pour le volume du ponton :

$$\text{vol. ABCDA'B'C'D'} = \frac{bh}{6}(2a + a') + \frac{b'h}{6}(2a' + a),$$

ou bien, en mettant $\dfrac{h}{6}$ en facteur commun,

$$V = \frac{h}{6}\left\{ b(2a + a') + b'(2a' + a). \right\}$$

526. Remarque. On peut écrire la quantité entre parenthèses.

$$ab + a'b' + ab + a'b + ab' + a'b',$$

ou

$$ab + a'b' + (a + a')(b + b'),$$

ou bien

$$ab + a'b' + 4\frac{a+a'}{2} \times \frac{b+b'}{2}.$$

Si l'on imagine une section $A''B''C''D''$ parallèle aux bases et équidistante de ces bases, on a :

$$\frac{a+a'}{2} = A''B'', \quad \frac{b+b'}{2} = A''D'', \quad \frac{a+a'}{2} \times \frac{b+b'}{2} = A''B''C''D''.$$

La formule précédente devient donc

$$V = \frac{h}{6}(ABCD + A'B'C'D' + 4\,A''B''C''D'');$$

elle s'énonce ainsi :

Le volume du ponton a pour mesure le sixième de sa hauteur multiplié par la somme des deux bases et de quatre fois la section moyenne équidistante des bases.

Si le rectangle supérieur se réduisait à une arête, il faudrait faire $b' = 0$ dans la formule précédente, et l'on aurait :

$$V = \frac{bh}{6}(2a + a').$$

Dans ce cas, le ponton n'est autre chose qu'un tronc de prisme triangulaire.

Problèmes à résoudre.

1. Trouver le volume d'une pyramide régulière ayant pour base un triangle équilatéral et dont les six arêtes ont 1 mètre.

2. Trouver le volume d'un tétraèdre régulier dont on connaît l'arête a. (On appelle tétraèdre régulier celui dont les quatre faces sont des triangles équilatéraux.)

3. Trouver le volume d'une pyramide régulière dont la base est un carré qui a 3 mètres de côté. On n'a pu mesurer la hauteur de cette pyramide, mais seulement son apothême, c'est-à-dire la hauteur de l'une des faces, qui est 2^m,5. Calculer son volume.

4. Trouver le volume d'une pyramide régulière à base carrée SABCD, dont le côté de la base AB a 3o mètres et dont l'arête latérale SA a 25 mètres.

5. Trouver la surface latérale, puis la surface totale d'une pyramide régulière à base carrée, sachant que le côté du carré de base a 5 mètres et que l'apothême de l'une quelconque des faces a 12 mètres.

6. On donne un cercle dont le rayon est de 10 mètres, et l'on y inscrit un triangle équilatéral. Trouver le volume de la pyramide qui aurait ce triangle pour base et une hauteur égale à 12 mètres.

7. Trouver la hauteur d'une pyramide régulière, à base carrée, sachant que la surface de la base est égale à 6^{mq},7483, et que la longueur des arêtes latérales est égale à 6^m,89.

8. Calculer la capacité en hectolitres d'un bassin de forme carrée, dont les murs sont en talus, le fond étant lui-même un carré ; ces deux carrés ont respectivement 12 et 10 mètres de côté, et la profondeur du bassin est de 2^m,10.

9. Le volume d'une pyramide hexagonale régulière est 1^{mc} ; la hauteur est 0^m,9o. Calculer le côté de la base.

10. Une pyramide régulière a pour base un dodécagone ayant 5^{cm} de côté ; sa hauteur a 12^{cm} de longueur ; calculer son volume et sa surface latérale.

11. On construit deux pyramides régulières égales, à base

6

carrée, et telles que leurs faces latérales soient des triangles équilatéraux, et on les réunit par leurs bases. On obtient ainsi un polyèdre à huit faces triangulaires, dont toutes les arêtes sont égales, et qu'on appelle un octaèdre régulier. Trouver le volume de ce polyèdre quand on donne son arête.

12. Étant donné un tétraèdre dont toutes les arêtes sont égales, on abaisse de l'un des sommets une perpendiculaire sur la face opposée, et on joint le milieu de cette perpendiculaire aux trois autres sommets. Démontrer que les trois lignes de jonction, ainsi menées, sont perpendiculaires deux à deux.

13. Les plans perpendiculaires aux milieux des arêtes d'un tétraèdre passent par le même point.

14. Les plans bissecteurs des dièdres d'un tétraèdre se rencontrent en un même point.

15. Les droites qui joignent les milieux des arêtes opposées d'un tétraèdre se coupent mutuellement en deux parties égales.

16. Si, dans un tétraèdre, deux arêtes sont respectivement perpendiculaires aux arêtes opposées, les deux autres arêtes sont aussi perpendiculaires l'une à l'autre.

17. Dans un tétraèdre où chaque arête est perpendiculaire à son opposée, les quatre hauteurs se coupent en un même point, où se coupent aussi les perpendiculaires communes aux arêtes opposées.

18. Étant données trois droites parallèles, mais non situées dans un même plan, on porte sur l'une d'elles une distance AB, égale à une longueur donnée ; on prend arbitrairement un point C sur la seconde et un point D sur la troisième ; les quatre points A, B, C, D sont les quatre sommets d'une pyramide. Démontrer :

1° Que le volume de cette pyramide est indépendant de la position des points C et D sur les droites où ils se trouvent ;

2° Que ce volume est proportionnel à la longueur AB ;

3° Qu'il reste le même, quelle que soit celle des trois parallèles sur laquelle on porte la longueur AB.

19. On donne un angle trièdre et une droite dans l'une des faces, et on demande de mener par cette droite un plan qui ferme l'angle trièdre, en déterminant un tétraèdre de volume donné.

20. Étant donnée une pyramide triangulaire, mener par l'une des arêtes de la base un plan qui divise la pyramide en deux parties équivalentes.

21. Étant donnée une pyramide triangulaire tronquée, on propose de mener par l'une des arêtes de la base supérieure un plan qui divise le volume du tronc en deux parties équivalentes.

22. Un tronc de pyramide régulière à bases parallèles a 12^{mc} de volume et pour bases deux hexagones de 1 mètre et de 2 mètres de côté. Calculer la hauteur et l'arête de ce tronc.

23. On donne les trois dimensions d'un parallélépipède rectangle ; calculer l'aire et le volume de l'octaèdre ayant pour sommets les centres des faces du parallélépipède.

24. Déduire le volume du tronc de pyramide polygonal du tronc de pyramide triangulaire en décomposant le tronc polygonal en troncs triangulaires.

25. Un tronc de pyramide régulière a pour l'une de ses bases un triangle équilatéral de côté a ; calculer le côté de l'autre base sachant que le tronc est équivalent au prisme ayant pour base la base donnée du tronc et, pour hauteur, une hauteur moitié moindre.

26. Calculer la différence entre un tronc de pyramide à bases parallèles et un prisme de même hauteur ayant pour base la section du tronc équidistante des deux bases.

27. Trouver le volume d'un tronc de parallélépipède.

28. Une auge de plâtrier a les dimensions suivantes :
Rectangle de l'ouverture : $AB = 0^m,50$, $AD = 0^m,32$,
Rectangle du fond : $A'B' = 0^m,40$, $A'D' = 0^m,24$;
Sa profondeur est égale à 18 centimètres. Calculer la contenance de cette auge.

29. Un tas de sable a les dimensions suivantes :
Base inférieure : $AB = 1^m,30$, $AD = 0^m,85$,
Base supérieure : $A'B' = 0^m,80$, $A'D' = 0^m,50$.
Sa hauteur est $0^m,60$. Calculer le volume du sable.

30. Calculer le volume d'un ponton dont les dimensions sont

$$a = 6, \quad b = 1^m,5, \quad a' = 4^m,4, \quad b' = 1^m,3, \quad h = 0^m,8.$$

31. La hauteur d'un coin en fer est $0^m,24$, sa tête est un rectangle ABCD ayant pour dimensions

$$AB = 11^{cm}, \quad AD = 0^m,5 \, ;$$

Son tranchant a 83 millim. de longueur. Quel est le poids de ce coin, sachant que la densité du fer est $7,8$?

32. Trouver le volume d'un tronc de pyramide dont les bases sont des carrés de 30^{cm} et 25^{cm} de côté ; la hauteur de ce tronc de pyramide est égale à 5 mètres.

33. On donne un cube $ABCDA'B'C'D'$ qui a 1 mètre de côté. — On prend les milieux a, b, d, des arêtes AA', AB, AD, issues du sommet A et l'on enlève le tétraèdre $Aabd$. On fait la même opération pour tous les sommets du cube et l'on obtient un polyèdre ayant 14 faces dont 6 sont des carrés et 8 sont des triangles équilatéraux. On demande de trouver le volume et la surface de ce polyèdre.

34. Trouver le volume d'un tronc de pyramide à base hexagonale ; les côtés de la base ont 4 décimètres et 6 décimètres ; la longueur des arêtes est $2^m,4$.

35. Un prisme triangulaire droit $ABCA'B'C'$ a pour base un triangle équilatéral de 2 mètres de côté ; on le coupe par un plan $A''B''C''$ qui rencontre les arêtes verticales en trois points A'', B'', C'' tels que

$$AA'' = 5^m, \quad BB'' = 7^m, \quad CC'' = 9^m,$$

calculer le volume $ABCA''B''C''$.

CHAPITRE IV

POLYÈDRES SEMBLABLES

§ 1er. — Notions sommaires sur les polyèdres semblables.

527. DÉFINITIONS. Deux polyèdres sont *semblables* lorsque leurs angles solides sont égaux chacun à chacun, et que leurs faces sont semblables chacune à chacune et semblablement disposées.

Il résulte évidemment de cette définition que deux polyèdres semblables ont aussi leurs angles dièdres égaux chacun à chacun, puisqu'ils font partie d'angles solides égaux. De plus les arêtes homologues des deux polyèdres sont proportionnelles; car les faces sont semblables deux à deux, et le rapport de similitude de deux faces homologues est évidemment le même que celui de deux autres faces homologues contiguës aux deux précédentes, à cause des arêtes communes; en d'autres termes, le rapport de deux arêtes homologues est constant pour les deux polyèdres.

528. THÉORÈME. *Lorsqu'on coupe une pyramide* SABCD *par un plan parallèle à sa base, on détermine une nouvelle pyramide* Sabcd *semblable à la première.*

DÉMONSTRATION. Ces deux pyramides ont d'abord l'angle solide S commun; considérons maintenant les angles trièdres qui ont pour sommets les points A et a; ces deux angles dièdres ont un dièdre commun BASD; de plus les angles Sab,

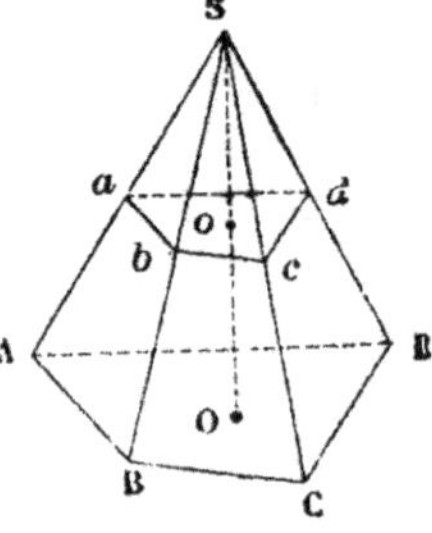

Fig. 96.

SAB sont égaux comme correspondants, et il en est de même des angles S*ad*, SAD; par suite, si l'on fait glisser le trièdre *aSbd*, de manière que le point *a* arrive en A et que les plans *aSb*, *aSd* ne cessent pas de coïncider avec les plans ASB, ASD, la ligne *ab* prendra la direction AB, et la ligne *ad*, la direction AD; les deux trièdres *a* et A peuvent donc être superposés. On démontrerait de même l'égalité des trièdres *b* et B, *c* et C, *d* et D; donc les deux pyramides ont leurs angles solides égaux chacun à chacun.

Je dis de plus que les faces de ces deux pyramides sont semblables chacune à chacune : nous savons déjà que les bases *abcd*, ABCD sont semblables (511); les triangles S*ab*, SAB sont aussi semblables, puisque *ab* est parallèle à AB (259), et il en est de même des triangles S*bc* et SBC, S*cd* et SCD, S*da* et SDA.

Les deux pyramides, ayant leurs angles solides égaux et leurs faces semblables et semblablement placées, sont semblables d'après la définition.

529. Remarque. *Le rapport des hauteurs* SO, S*o des deux pyramides, est égal au rapport de deux arétes homologues.* Car nous avons vu que le rapport $\dfrac{SO}{So}$ est égal au rapport $\dfrac{SA}{Sa}$, et aussi au rapport $\dfrac{AB}{ab}$ (511).

530. Théorème. *Deux tétraèdres qui ont un angle dièdre égal compris entre deux faces semblables et semblablement disposées, sont semblables.*

Démonstration. Soient SABC, S'A'B'C' les deux tétraèdres (fig. 97) ; je suppose que les angles dièdres SB, S'B' soient égaux, et que les faces SBA, SBC soient respectivement semblables aux faces S'B'A', S'B'C', et semblablement disposées; je dis que ces deux tétraèdres sont semblables. En effet, je transporte le tétraèdre S'A'B'C' sur le tétraèdre SABC, de manière que le dièdre S'B' coïncide avec son égal SB, et que le point B' tombe au point B, le point S' viendra en *s* sur la ligne BS. Les triangles semblables SBA, S′B′A′ sont équiangles; l'angle S′B′A′ est donc égal à l'angle SBA,

et par conséquent la ligne B′A′ prendra la direction de BA, et le point A′ tombera en a; de même le point C′ viendra se placer en un point c de l'arête BC; le tétraèdre S′A′B′C′ occupera alors la position $saBc$. Cela posé, les angles BAS, Bas sont égaux à cause de la similitude

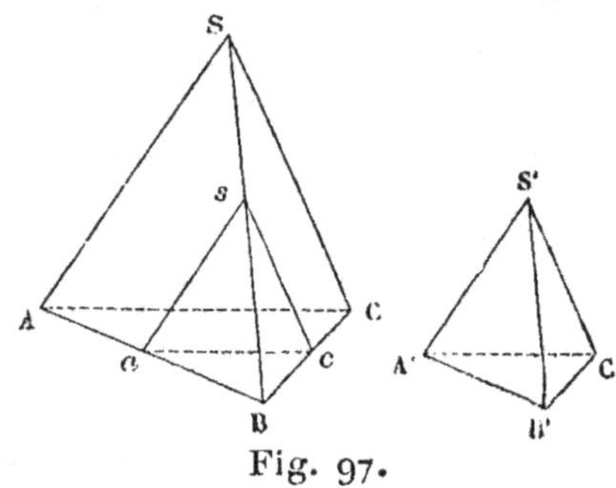

Fig. 97.

des triangles SBA, sBa; donc la ligne as est parallèle à AS; pour la même raison sc est parallèle à SC; donc le plan asc est parallèle au plan ASC (437); et par conséquent la pyramide Basc est semblable à la pyramide BASC en vertu du théorème précédent; c. q. f. d.

531. THÉORÈME. *Deux polyèdres* ABCDEH, A′B′C′D′ E′H′ *composés d'un même nombre de tétraèdres* GABE *et* G′A′B′E′, GBED *et* G′B′E′D′,… *semblables et semblablement placés, sont semblables* (fig. 98).

DÉMONSTRATION. Je remarque d'abord que, si dans 'un des polyèdres deux ou plusieurs triangles BAE, BED, BCD sont dans un même plan, les triangles homologues de l'autre polyèdre sont aussi dans un même plan. En effet, à cause de la similitude des tétraèdres homologues, l'angle dièdre ABEG est égal à l'angle dièdre A′B′E′G′ et l'angle dièdre DBEG

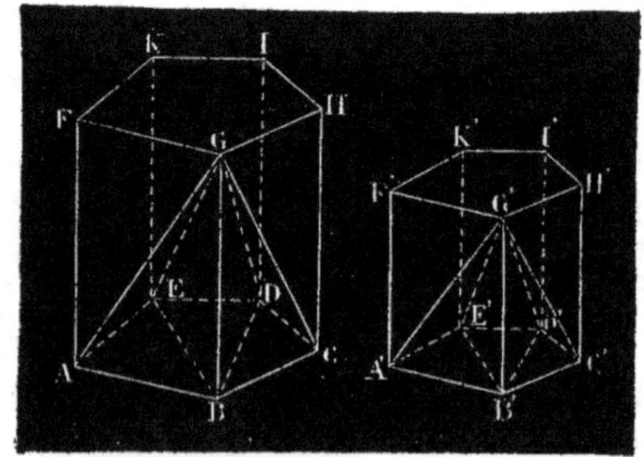

Fig. 98.

est égal à l'angle dièdre D'B'E'G'; or, si les triangles BAE et BED sont dans un même plan, la somme des angles dièdres ABEG et DBEG est égale à deux droits (447); la somme des dièdres égaux A'B'E'G' et D'B'E'G' sera aussi égale à deux droits, et par conséquent les triangles A'B'E' et B'E'D' seront dans un même plan (447).

Cela posé, je dis que les deux polyèdres sont semblables; en effet :

1° Les faces homologues, telles que ABCDE, A'B'C D'E', sont semblables comme composées d'un même nombre de triangles semblables et semblablement disposés (269); car deux triangles homologues ABE, A'B'E' sont semblables comme faces homologues de deux tétraèdres semblables GABE, G'A'B'E'.

2° Les angles solides des deux polyèdres sont égaux chacun à chacun, parce qu'on les obtient en juxtaposant de la même manière un même nombre d'angles trièdres égaux. Ainsi l'angle solide BACG s'obtient en plaçant à côté les uns des autres les trois trièdres BAEG, BEDG et BDCG, et l'angle solide B'A'C'G' est formé de même par la réunion des trièdres B'A'E'G', B'E'D'G' et B'D'C'G' respectivement égaux aux précédents comme angles solides homologues de tétraèdres semblables, et assemblés de la même façon.

Les deux polyèdres ayant leurs angles solides égaux et leurs faces semblables et semblablement disposées, sont semblables; C. Q. F. D.

532. THÉORÈME. Réciproquement, *deux polyèdres semblables* ACEFDB..., A'C'E'F'D'B'..., *peuvent être décomposés en un même nombre de tétraèdres semblables et semblablement placés* (fig. 99).

DÉMONSTRATION. En effet, je considère deux angles dièdres homologues des deux polyèdres, CABD, C'A'B'D'. Je décompose en triangles les deux faces du premier polyèdre qui se coupent suivant AB, en menant les diagonales qui partent du point B; et je fais une décomposition pareille dans les deux faces homologues de l'autre polyèdre ; les triangles BAC, B′A′C′ seront semblables, ainsi que les triangles BAD, B′A′D′ (270) ; joignons CD et C′D′ ; les deux tétraèdres ABCD, A′B′C′D′ auront alors les dièdres AB et A′B′ égaux, comme dièdres homologues des deux polyèdres semblables ; et de plus les faces comprenant ces dièdres égaux dans les deux tétraèdres sont semblables et semblablement disposées, comme nous venons de le démontrer ; donc les deux tétraèdres ABCD, A′B′C′D′ sont semblables (530).

Cela posé, enlevons ces deux tétraèdres ; les polyèdres qui resteront alors seront encore semblables ; car les nouveaux angles solides auront été formés en enlevant à des angles solides égaux, par hypothèse, des angles trièdres égaux ; ainsi l'angle solide DCFGB, qui a pour sommet le point D, se déduit de l'angle solide primitif

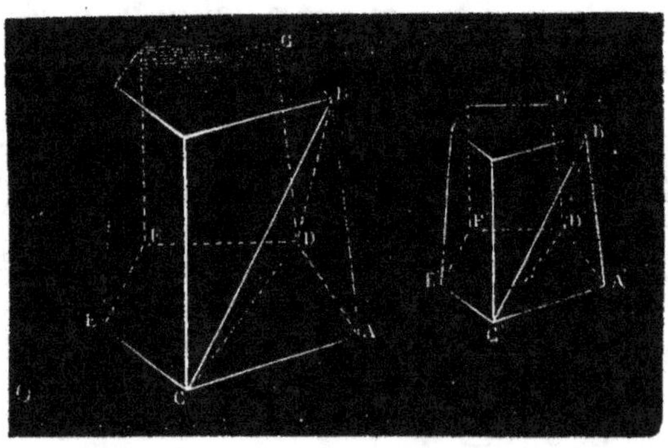

Fig. 99.

DAFG en en détachant l'angle trièdre DACB ; et si l'on fait la même opération dans l'autre polyèdre, il est clair qu'on aura un angle solide D′C′F′G′B′ égal à l'angle solide DCFGB. Les nouvelles faces des deux polyèdres seront aussi semblables deux à deux, soit comme faces homologues des deux tétraèdres semblables, soit parce que ce sont des polygones formés au moyen des faces primitives en retranchant des triangles semblables ; c'est ainsi que les polygones CDFE, C′D′F′E′ seront semblables, parce que les polygones CEFDA, C′E′F′D′A′ étaient semblables par hypothèse, et qu'on en a retranché les triangles CDA, C′D′A′, semblables et semblablement placés. Les deux nouveaux polyèdres CDFEBG..., C′D′F′E′B′G′... seront donc semblables.

On pourra alors détacher de ces polyèdres deux autres tétraèdres semblables, et, en continuant toujours de la même manière, on arrivera à décomposer les deux polyèdres semblables en un même nombre de tétraèdres semblables et semblablement placés; C. Q. F. D.

§ 2. — Rapport des surfaces et des volumes de deux polyèdres semblables.

533. THÉORÈME. *Le rapport des surfaces de deux polyèdres semblables est égal au rapport des carrés de leurs arêtes homologues.*

DÉMONSTRATION. Soient A et a deux arêtes homologues des deux polyèdres semblables, S′, S′, S″... les aires des diverses faces du premier polyèdre, s, $s′$, $s″$... les aires des faces homologues du second polyèdre; on aura (354)

$$\frac{S}{s} = \frac{A^2}{a^2}; \quad \frac{S'}{s'} = \frac{A^2}{a^2}; \text{ etc.,}$$

d'où

$$\frac{S}{s} = \frac{S'}{s'} = \frac{S''}{s''} = \dots = \frac{A^2}{a^2},$$

et par suite, en vertu d'un théorème connu,

$$\frac{S + S' + S'' + \dots}{s + s' + s'' + \dots} = \frac{A^2}{a^2}; \quad \text{C. Q. F. D.}$$

534. THÉORÈME. *Le rapport des volumes de deux pyramides semblables est égal au rapport des cubes des arêtes homologues.*

Démonstration. Soient SABCD, S*abcd* les deux pyramides semblables que je suppose placées l'une dans l'autre, de manière que les angles polyèdres des sommets coïncident ; les faces homologues SAB, S*ab* étant semblables, les lignes AB et *ab* sont parallèles ; il en est de même des lignes BC et *bc* ; donc les plans ABCD et *abcd* sont parallèles (437), et les hauteurs SO et S*o* des deux pyramides sont dirigées suivant la même droite.

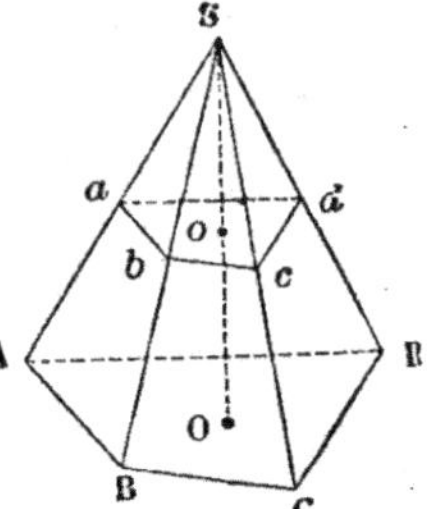

Fig. 100.

Cela posé, les bases des deux pyramides sont semblables, et par conséquent leur rapport est égal au rapport des carrés des côtés homologues (354), ou bien au rapport des carrés des arêtes homologues SA et S*a* des deux pyramides (511) ; on a donc :

$$\frac{ABCD}{abcd} = \frac{\overline{SA}^2}{\overline{Sa}^2} ;$$

on sait aussi que le rapport des hauteurs des deux pyramides est égal au rapport des arêtes homologues (529), c'est-à-dire qu'on a :

$$\frac{SO}{So} = \frac{SA}{Sa} ;$$

multiplions ces deux égalités membre à membre, et nous aurons

$$\frac{ABCD \times SO}{abcd \times So} = \frac{\overline{SA}^3}{\overline{Sa}^3} .$$

Mais on sait que le rapport de deux pyramides est égal au rapport des produits de leurs bases par leurs hauteurs ; on a donc ici :

$$\frac{SABCD}{Sabcd} = \frac{ABCD \times SO}{abcd \times So} = \frac{\overline{SA}^3}{\overline{Sa}^3} ; \qquad \text{C. Q. F. D.}$$

535. THÉORÈME. *Le rapport des volumes de deux polyèdres semblables est égal au rapport des cubes de leurs arêtes homologues.*

DÉMONSTRATION. Nous savons que deux polyèdres semblables peuvent être décomposés en un même nombre de pyramides triangulaires semblables (532), et que les arêtes homologues de deux polyèdres semblables sont proportionnelles (527). Cela posé, représentons par $T', T', T'',\ldots$ les tétraèdres qui composent le premier polyèdre, par $t, t', t'',\ldots$ ceux qui composent le second, par A et a deux arêtes homologues de ces deux polyèdres ; nous aurons en vertu du théorème précédent :

$$\frac{T}{t} = \frac{A^3}{a^3},$$

$$\frac{T'}{t'} = \frac{A^3}{a^3},$$

$$\frac{T''}{t''} = \frac{A^3}{a^3}, \text{ etc.}$$

d'où l'on déduit :

$$\frac{T}{t} = \frac{T'}{t'} = \frac{T''}{t''} = \cdots = \frac{A^3}{a^3} ;$$

et en appliquant à cette suite de rapports égaux une propriété connue,

$$\frac{T + T' + T'' + \cdots}{t + t' + t'' + \cdots} = \frac{A^3}{a^3} ;$$

C. Q. F. D.

536. REMARQUE. Ce théorème peut s'étendre aux solides semblables qui ne sont pas des polyèdres, parce qu'on peut les regarder comme des polyèdres d'un nombre indéfini de faces. On peut donc dire que *les volumes de deux corps semblables sont proportionnels aux cubes de leurs dimensions homologues.* Ainsi, quand on double ou qu'on triple toutes les dimensions d'un corps, son volumé devient 8 fois ou 27 fois plus grand ; si l'on rend 10 fois plus grandes toutes les dimensions d'un corps, son volume devient 1000 fois plus grand, et ainsi de suite.

Problèmes à résoudre.

1. Calculer le volume d'un parallélépipède rectangle dont la surface est égale à 3^{mq} et dont les dimensions sont proportionnelles aux trois nombres 4, 6 et 9.

2. Partager un tronc de pyramide en deux troncs de pyramide semblables par un plan parallèle aux bases.

3. Une arête d'un polyèdre est égale à 0^m,25 ; calculer l'arête homologue d'un polyèdre semblable de volume double.

4. Si quatre polyèdres semblables ont leurs arêtes homologues proportionnelles aux nombres 3, 4, 5, 6, le plus grand est équivalent à la somme des trois autres.

5. On a une pyramide SABC qui repose par sa base ABC sur un plan horizontal. A quelle hauteur faut-il mener un plan sécant A′B′C′, horizontal, pour que la surface totale du petit tétraèdre SA′B′C′ soit égale à la moitié de la surface totale de SABC ?

6. Un tronc de pyramide triangulaire a 6^m de hauteur et pour bases des triangles isocèles dont l'angle au sommet est de 45° et dont les côtés égaux ont respectivement 1^m et $\frac{1}{3}$ de mètre de longueur. Calculer le volume du tétraèdre obtenu en prolongeant les faces latérales.

7. La hauteur d'une pyramide est égale à 4^m,5o et sa base est un carré dont le côté a 1^m,20 de longueur. Calculer les dimensions correspondantes d'une pyramide semblable dont le volume est de 7^{mc},290.

8. Partager une pyramide : 1° en deux parties équivalentes par un plan parallèle à la base ; 2° en deux parties qui soient entre elles comme $m : n$.

9. Partager un tronc de pyramide en deux parties équivalentes par un plan parallèle aux bases.

10. Étant données les aires des deux bases d'un tronc de pyramide, trouver l'aire de la section parallèle aux bases et menée à égale distance des deux bases.

11. Deux tétraèdres qui ont un angle trièdre égal sont entre eux comme les produits des arêtes qui comprennent l'angle trièdre égal.

12. Par chacun des sommets d'un tétraèdre on mène un plan parallèle à la face opposée; ces quatre plans forment un nouveau tétraèdre dont les faces sont semblables à celles du premier. Trouver le rapport des surfaces et des volumes de ces deux tétraèdres.

13. Si deux tétraèdres semblables ont leurs faces parallèles chacune à chacune, les droites joignant les sommets homologues passent par le même point.

LIVRE VII

LES CORPS RONDS

CHAPITRE PREMIER

CYLINDRE DROIT A BASE CIRCULAIRE

§ 1er. — Propriétés du cylindre.

537. Définitions. On appelle *cylindre droit à base circulaire*, ou plus simplement *cylindre circulaire droit*, le solide engendré par la révolution d'un rectangle ACDK autour d'un de ses côtés, de CD, par exemple (fig. 101). Dans ce mouvement, les côtés CA et DK sont constamment perpendiculaires à l'axe CD, et par conséquent décrivent des plans perpendiculaires à cet axe ; les longueurs de ces droites étant invariables, les points A et K tracent des circonférences dont les centres sont les points C et D ; enfin, le côté AK, engendre une surface, qui se nomme la *surface latérale* du cylindre.

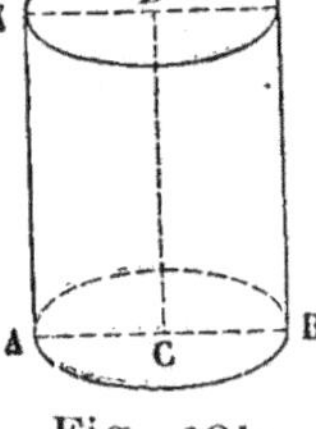

Fig. 101.

Les deux cercles égaux décrits par les côtés CA et DK sont les *bases* du cylindre ; la droite CD, autour de laquelle s'effectue la révolution du rectangle, s'appelle l'*axe* du cylindre, et la portion de cet axe comprise entre les deux bases est la *hauteur* du cylindre. Les positions successives qu'occupe la droite mobile AK sont les *génératrices* du cylindre.

538. Considérons un point quelconque de la génératrice AK. Pendant la révolution du rectangle autour de l'axe, ce point décrira une circonférence, dont le plan sera perpendiculaire à l'axe et dont le centre sera sur l'axe ; on le démontrerait exactement comme on l'a fait pour le point A et pour le point K. Donc, *toute section d'un cylindre circulaire droit par un plan perpendiculaire à l'axe est un cercle égal à la base.*

539. On peut assimiler un cylindre à un prisme ayant un nombre infini de faces. En effet, considérons un cylindre ABC... A′B′C′... (fig. 102), et traçons sur sa surface un grand nombre de génératrices très rapprochées AA′, BB′, CC′, DD′, etc.; ces génératrices seront toutes égales et parallèles. En joignant deux à deux

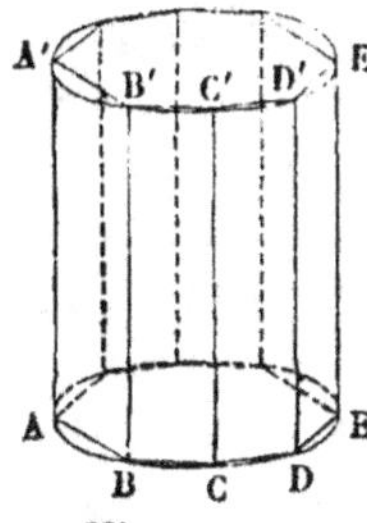

Fig. 102.

leurs extrémités, nous aurons deux polygones ABCDE..., A′B′C′D′E′... égaux et parallèles, et le corps limité par ces deux polygones et par les faces parallélogrammes ABB′A′, BCC′B′, etc., sera un prisme (485), qui différera d'autant moins du cylindre que les génératrices AA′, BB′, etc., seront plus voisines Ce prisme est dit *inscrit* dans le cylindre. Remarquons de plus qu'il a même hauteur que le cylindre, et que ses bases diffèrent très peu des bases du cylindre.

540. THÉORÈME. *La surface latérale d'un cylindre peut être développée sur un plan sans déchirure ni duplicature.*

DÉMONSTRATION. Je considérerai d'abord un prisme droit ABCDEA′B′C′D′E′ (fig. 103) ; j'ouvre la surface latérale de ce prisme suivant l'arête AA′, et je fais tourner la face rectangulaire AA′B′B autour de AA′

jusqu'à ce qu'elle soit dans un plan fixe mené arbitrairement par la droite AA'; cette face formera dans

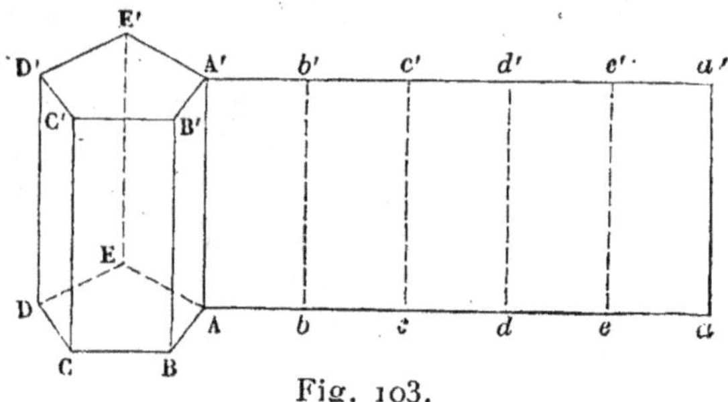

Fig. 103.

ce plan un rectangle Abb'A', ayant même hauteur que le prisme, et ayant pour base une ligne Ab égale à AB. Supposons ensuite que la face adjacente B'BCC' tourne de même autour de bb' jusqu'à ce qu'elle se trouve dans le plan fixe; elle donnera un rectangle $b'bcc'$, de même hauteur que le prisme, et ayant pour base une ligne bc égale à BC. On pourra continuer de même, et développer ainsi sur un plan toute la surface latérale du prisme. D'ailleurs tous les rectangles obtenus, ayant même hauteur, formeront par leur juxtaposition un rectangle Aaa'A' ayant pour hauteur la hauteur du prisme et pour base la somme des côtés AB, BC, CD, DE, EA de la base de ce prisme, ou, en d'autres termes, le périmètre de la base de ce prisme. Ce rectangle s'appelle le *développement* de la surface latérale du prisme.

Prenons maintenant un cylindre circulaire droit et un prisme inscrit dans ce cylindre. La surface latérale de ce prisme est développable sur un plan, et cette propriété subsistera toujours si l'on augmente indéfiniment le nombre des faces du prisme; par conséquent, elle a encore lieu pour le cylindre qui est la limite vers laquelle tend le prisme.

On voit de plus que *le développement de la surface latérale d'un cylindre circulaire droit est un rectangle*

*dont la hauteur est égale à celle du cylindre et dont
la base est égale à la longueur de la circonférence de
base du cylindre.*

541. Applications. Dans les arts industriels, on
emploie pour façonner des cylindres divers procédés qui
reposent sur les propriétés précédentes.

Ainsi, pour exécuter une colonne cylindrique en bois
ou en pierre, l'ouvrier fait d'abord un prisme droit régulier ; puis il abat les arêtes de ce prisme de manière à
doubler le nombre de ses faces, tout en lui conservant sa
forme régulière ; en recommençant plusieurs fois
cette opération, il arrive à obtenir un prisme régulier
d'un très grand nombre de faces, lequel peut être assimilé
à un cylindre.

Le tourneur opère avec plus de précision. Le bloc de
bois ou de métal auquel on veut donner la forme cylindrique étant monté sur le tour, l'ouvrier lui imprime un
mouvement de rotation rapide et lui présente un outil
tranchant qu'il maintient à une distance constante de
l'axe du tour, en même temps qu'il le déplace le long de
cet axe. Dans chacune de ses positions, cet outil trace sur
la pièce qu'on travaille une circonférence de cercle dont
le centre est sur l'axe du tour, et dont le plan est perpendiculaire à cet axe ; de plus toutes ces circonférences ont
le même rayon ; elles forment donc une surface cylindrique.

Enfin, pour construire des cylindres creux en tôle, en
fer-blanc ou en carton, on découpe d'abord un rectangle
qui soit égal au développement de la surface latérale du
cylindre qu'on veut obtenir ; puis on enroule cette feuille
rectangulaire sur un moule cylindrique d'un diamètre
convenable, jusqu'à ce que les côtés opposés du rectangle
se rejoignent ; il ne reste plus alors qu'à les fixer l'un à
l'autre.

§ 2. — Mesure de la surface et du volume du cylindre.

542. Définitions. Une surface courbe ne peut pas, comme une aire plane, être comparée directement au mètre carré, parce qu'il est impossible d'appliquer sur un plan, sans la déformer, une portion quelconque d'une surface courbe. Il résulte de là qu'il est nécessaire, pour chaque espèce de surface courbe, de définir ce que l'on entend par l'aire d'une portion de cette surface.

On devra également définir le volume d'un corps limité par une surface courbe; car on ne saurait le comparer directement au mètre cube.

En ce qui concerne le cylindre circulaire droit, on adopte les définitions suivantes.

L'aire latérale d'un cylindre circulaire droit est la limite vers laquelle tend l'aire latérale d'un prisme régulier inscrit dans le cylindre, quand le nombre de ses faces augmente indéfiniment.

Le volume d'un cylindre circulaire droit est la limite vers laquelle tend le volume d'un prisme régulier inscrit dans le cylindre, quand le nombre de ses faces augmente indéfiniment.

Dans ce qui va suivre, nous démontrerons que ces limites existent et nous trouverons l'expression de chacune d'elles.

543. Théorème. *La surface latérale d'un cylindre circulaire droit est égale à la circonférence de sa base multipliée par sa hauteur* (fig. 102).

Démonstration. J'inscris dans le cylindre un prisme régulier ABC,... A'B'C'... Les faces latérales de ce prisme sont des rectangles de même hauteur; donc la somme des aires de ces faces, c'est-à-dire la surface latérale du prisme, a pour mesure le produit du périmètre de la base par la hauteur.

Si l'on augmente indéfiniment le nombre des faces du prisme, le périmètre de sa base tendra vers la circonférence de la base du cylindre ; et par suite, la surface latérale du prisme aura pour limite le produit de la circonférence de la base du cylindre par sa hauteur. Or cette limite est, par définition, la surface latérale du cylindre ; donc la surface latérale du cylindre a pour mesure le produit de la circonférence de sa base par sa hauteur ; C. Q. F. D.

544. REMARQUE. On arriverait au même résultat en développant sur un plan la surface latérale du cylindre et en cherchant l'aire du rectangle qu'on obtient par ce développement (540).

545. COROLLAIRE. Si la base du cylindre est un cercle de rayon R, et si l'on désigne par H la hauteur, la surface latérale sera

$$2\pi RH ;$$

et la surface *totale* du cylindre, qui se compose de la surface latérale augmentée des surfaces des deux bases, aura pour expression

$$2\pi RH + 2\pi R^2,$$

ou, en mettant $2\pi R$ en facteur commun,

$$2\pi R \times (H + R).$$

EXEMPLES. I. Le diamètre d'un tuyau creux est égal à 18 centimètres, et sa hauteur est égale à 65 centimètres ; quelle est sa surface latérale ?

Le rayon de ce cylindre est égal à 9 centimètres ; sa surface latérale est donc

$$2\pi \times 9 \times 65 = \pi \times 1170 = 3675^{cq},66,$$

ou 36 décimètres carrés 75 centimètres carrés 66 millimètres carrés, à moins d'un millimètre carré par défaut.

II. On veut fabriquer un tuyau cylindrique avec une plaque de tôle rectangulaire dont la surface est égale à 50 décimètres carrés; la base et la hauteur de ce rectangle sont dans le rapport de 3 à 2; on demande de calculer le diamètre et la hauteur du tuyau fabriqué.

Je cherche d'abord les dimensions du rectangle de tôle : la base est les $\dfrac{3}{2}$ de la hauteur ; donc l'aire vaut les $\dfrac{3}{2}$ du carré de la hauteur, et par suite, le carré de la hauteur vaut les $\dfrac{2}{3}$ de l'aire ou $\dfrac{50 \times 2}{3} = \dfrac{100}{3}$; la hauteur est la racine carrée de ce nombre, c'est-à-dire $\dfrac{10^d}{\sqrt{3}} = 5^d,773$; c'est la hauteur du tuyau.

La base de ce rectangle vaut les $\dfrac{3}{2}$ de ce nombre ou $8^d,66o$; lorsqu'on façonne le tuyau, cette base devient la circonférence du cylindre, et le diamètre s'obtiendra en divisant la circonférence par π, ce qui donne

$$8^d,66o \times \dfrac{1}{\pi} = 2^d,76 ;$$

ainsi le diamètre du tuyau sera égal à $2^d,76$ ou 276 millimètres, et sa hauteur à 577 millimètres.

546. Théorème. *Le volume d'un cylindre circulaire droit a pour mesure le produit de sa base par sa hauteur.*

Car le volume du cylindre est la limite vers laquelle tend le volume du prisme inscrit, quand on augmente indéfiniment le nombre de ses faces.

547. Corollaire. Si R désigne le rayon de la base

7.

du cylindre et H sa hauteur, l'expression du volume sera

$$\pi R^2 H.$$

EXEMPLE I. Une colonne cylindrique de fonte a 12 centimètres de diamètre et $3^m,75$ de hauteur ; quel est son volume ?

Le rayon de la base est égal à $0^m,06$; donc le volume est égal à

$$\pi \times 0,06^2 \times 3,75 = \pi \times 0,0135 = 0^{mc},042412,$$

ou 42 décimètres cubes 412 centimètres cubes.

II. Un fil cylindrique de cuivre a 400 mètres de longueur et pèse 2765 grammes ; sachant qu'un centimètre cube de cuivre pèse $8^{gr},8$, calculer le diamètre de ce fil.

Le volume du fil sera évidemment $\dfrac{2765^{cc}}{8,8} = \dfrac{27650^{cc}}{88}$;

sa longueur est de 40000 centimètres ; en désignant on rayon par R, on aura, d'après la formule qui donn le volume du cylindre,

$$\pi R^2 \times 40\,000 = \frac{27\,650}{88} ;$$

d'où l'on tire

$$R^2 = \frac{27650}{88 \times 40000 \times \pi} = \frac{2765}{352000} \times \frac{1}{\pi} = 0,0025275,$$

et par suite

$$R = \sqrt{0,0025275} = 0^c,05027 ;$$

le diamètre du fil sera le double de ce nombre ou $0^c,10054$, c'est-à-dire 1 millimètre environ.

III. Les mesures de capacité pour les liquides ont la forme d'un cylindre dont la hauteur est le double du diamètre ; trouver le diamètre du litre.

Je prends pour unité de longueur le décimètre et par conséquent pour unité de volume le décimètre cube ou le litre ; alors, si j'appelle R le rayon du cylindre, son diamètre sera 2R, sa hauteur 4R, et l'on aura, d'après la formule précédente,

$$1 = \pi R^2 \times 4R = 4\pi R^3 ;$$

d'où l'on tire

$$R^3 = \frac{1}{4\pi} = 0,079577471\ldots$$

et par suite

$$R = \sqrt[3]{0,079577471} = 0^d,430,$$

à moins d'un millième de décimètre ; le diamètre du litre sera donc $0^d,86$ ou 86 millimètres et sa hauteur sera égale à 172 millimètres.

IV. Trouver le volume de la maçonnerie qui est entrée dans la construction d'un puits cylindrique de $4^m,75$ de profondeur et de $1^m,24$ de diamètre intérieur, sachant de plus que l'épaisseur uniforme de cette maçonnerie est de $0^m,35$.

Le volume de cette maçonnerie est la différence des volumes de deux cylindres de même hauteur et dont les rayons sont respectivement $0^m,62$ et $0^m,62 + 0^m,35$, ou $0^m,97$; ce volume est donc égal à

$$\pi \times 0,97^2 \times 4,75 - \pi \times 0,62^2 \times 4,75,$$

ou bien

$$(0,97^2 - 0,62^2) \times 4,75 \times \pi = 8^{mc},304$$

à moins d'un décimètre cube près.

Problèmes à résoudre.

1. Le rayon de base d'un cylindre droit a 5 décimètres et sa hauteur est égale à 2^m. Trouver sa surface latérale et sa surface totale.

2. La surface totale d'un cylindre droit à base circulaire est égale à 1^{mq} et sa hauteur est égale au diamètre de sa base. Calculer ses dimensions.

3. Quel est le volume d'un cylindre dont la surface totale serait 1 mètre carré et dont la hauteur serait égale au diamètre de base ?

4. Trouver la hauteur d'un cylindre droit à base circulaire dont le rayon est 5^{dm} et dont la surface totale est $785^{dmq},4$.

5. On a un réservoir cylindrique de $2^m,40$ de profondeur; il doit contenir 1200 litres d'eau; on demande son diamètre.

6. Trouver les dimensions du double litre à mesurer les liquides; du double litre à mesurer les graines.

7. Calculer les dimensions du double décalitre employé pour les matières sèches, sachant que son diamètre est égal à sa hauteur.

8. Calculer les dimensions du décalitre et du demi-décalitre.

9. Quel est le diamètre d'un cylindre dont le volume est 115^{cc} et dont la hauteur est égale au diamètre ?

10. Un cylindre a un mètre cube de volume et sa hauteur est égale au diamètre de sa base. Quelles sont ses dimensions?

11. Quel est le diamètre d'un fil de platine qui pèse 28 grammes par mètre de longueur? On sait que la densité du platine est 22,06.

12. On veut construire un réservoir cylindrique contenant 18 hectolitres et dont la hauteur serait 3^m. Calculer à moins d'un millimètre près le rayon de la base de ce cylindre.

13. La surface latérale d'un cylindre droit est a; son volume est b; calculer le rayon de base et la hauteur de ce cylindre.

14. On a mesuré avec un ruban gradué le contour d'un tronc d'arbre sensiblement cylindrique et on l'a trouvé égal à $1^m,76$; la longueur du tronc d'arbre est 6^m. Calculer son volume.

15. Un tronc d'arbre sensiblement cylindrique a 1^m de tour et $4^m,15$ de longueur. Calculer la section et le volume de la poutre carrée que l'on peut inscrire dans ce tronc d'arbre.

16. Le mur d'une citerne cylindrique a $11^m,44$ de circonférence extérieure; l'épaisseur de ce mur est $0^m,42$, et la profondeur de la citerne est égale à $8^m,42$. Quel volume d'eau peut-elle contenir?

17. Quelle profondeur faut-il donner à une citerne de forme cylindrique pour qu'elle contienne 1215 hectolitres d'eau? Le rayon du cercle de base est $2^m,6$.

18. Le diamètre d'un cercle est de 4 mètres; une corde parallèle à ce diamètre a 2 mètres de longueur. On demande quelle est la surface engendrée par cette corde en tournant autour du diamètre.

CHAPITRE II

CÔNE CIRCULAIRE DROIT

§ 1er. — Propriétés du cône circulaire droit.

548. DÉFINITIONS. On appelle *cône droit à base circulaire*, ou simplement *cône circulaire droit*, le

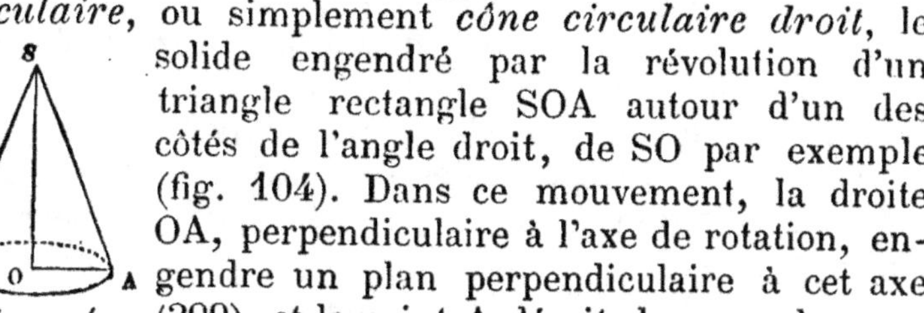

solide engendré par la révolution d'un triangle rectangle SOA autour d'un des côtés de l'angle droit, de SO par exemple (fig. 104). Dans ce mouvement, la droite OA, perpendiculaire à l'axe de rotation, engendre un plan perpendiculaire à cet axe (399), et le point A décrit dans ce plan une circonférence de cercle ayant pour centre le point O. La droite SA engendre une surface, qu'on appelle la *surface latérale* du cône.

Fig. 104.

Le cercle décrit par OA est la *base* du cône, et le point S en est le *sommet ;* la droite SO, autour de laquelle s'effectue la révolution du triangle s'appelle l'*axe* du cône, et la portion de cet axe comprise entre le sommet et la base est la *hauteur* du cône. Enfin, on donne le nom de *génératrices* aux positions successives qu'occupe l'hypoténuse SA pendant la rotation, et la longueur de cette hypoténuse s'appelle l'*apothème* ou le côté du cône.

549. Considérons un point M de l'hypoténuse SA, et abaissons de ce point la perpendiculaire MP sur l'axe. Quand le triangle SOA tourne autour de SO, la ligne PM, perpendiculaire à l'axe, décrit un cercle ayant pour centre le point P, et dont le plan est perpendiculaire à l'axe. Donc *les sections faites dans un cône par des plans perpendiculaires à*

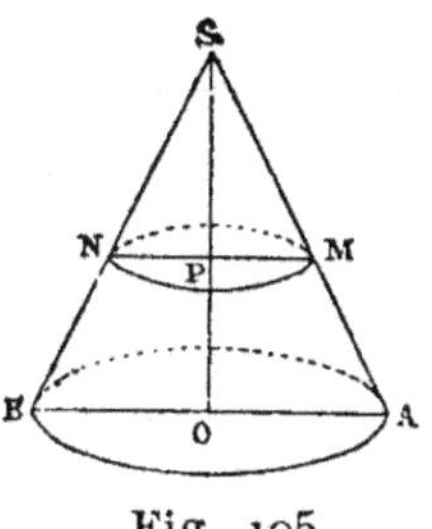

Fig. 105.

l'axe sont des cercles ayant leurs centres sur l'axe.

550. On appelle *tronc de cône à bases parallèles* le solide qu'on obtient en coupant un cône par un plan parallèle à sa base et en enlevant le cône ainsi détaché ; tel est le corps ABNM. Le cercle de base du cône AOB et le cercle parallèle MPN sont les *bases* du tronc ; PO en est la hauteur, AM le côté. La *surface latérale* du tronc de cône est la portion de la surface latérale du cône comprise entre les deux bases.

Le tronc de cône ABNM pourrait encore être considéré comme le corps engendré par la révolution du trapèze rectangle OAMP autour du côté OP perpendiculaire aux bases.

551. Tout cône peut être assimilé à une pyramide ayant un nombre extrêmement grand de faces latérales. En effet, dans la base du cône, inscrivons un polygone ABCDE, et joignons les points A, B C, D, E au sommet ; nous formerons ainsi une pyramide SABCDE qui est dite *inscrite* dans le cône. Or, si l'on augmente indéfiniment le nombre des côtés de la base de cette pyramide, elle se rapprochera de plus en plus du cône, et en différera aussi peu qu'on voudra.

On prend habituellement, pour base de la pyramide, un polygone

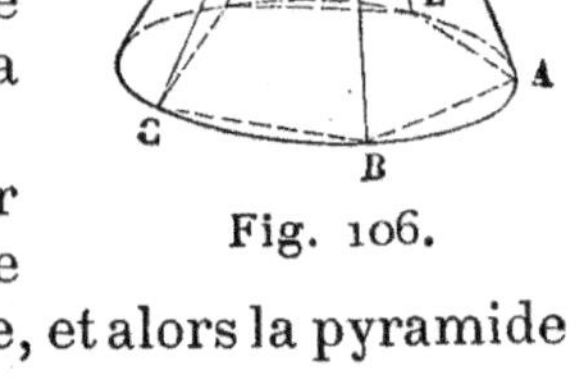

Fig. 106.

régulier inscrit dans la base du cône, et alors la pyramide obtenue est *régulière* (510).

552. THÉORÈME. *La surface latérale d'un cône peut être développée sur un plan sans déchirure ni duplicature.*

DÉMONSTRATION. Considérons d'abord une pyramide SABCDE (fig. 107) ; par l'une des arêtes SA faisons passer un plan quelconque sur lequel nous allons développer la surface latérale de cette pyramide ; pour cela ouvrons cette surface le long de l'arête SA, et faisons tourner le triangle SAB autour de SA, jusqu'à ce qu'il s'applique sur le plan fixe; il occupera alors la position

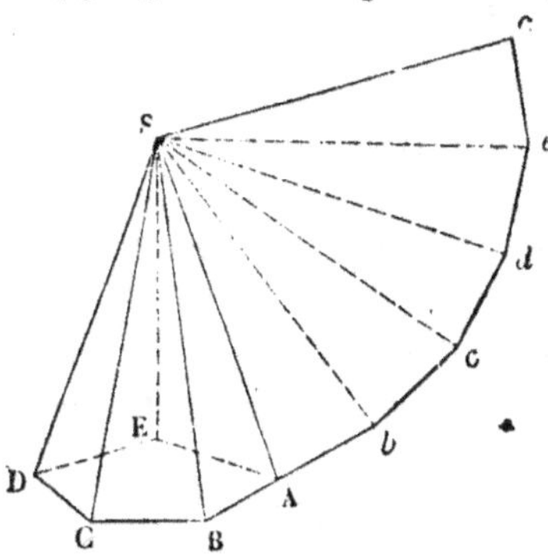

Fig. 107.

SA*b*; si l'on fait ensuite tourner le triangle SBC autour de S*b*, il viendra à son tour s'appliquer sur le plan fixe en S*bc*, et ainsi de suite; toutes les faces de la pyramide viendront l'une après l'autre s'appliquer sur ce même plan, et y formeront une figure polygonale SA*bcdea*, qui est le *développement* de la surface latérale de la pyramide. Si la pyramide est régulière, la ligne brisée A*bcdea* aura tous ses côtés égaux et tous ses angles égaux; on lui donne, pour cette raison, le nom de *ligne brisée régulière*, et le polygone SA*bcdea* s'appelle *secteur polygonal régulier*.

Considérons maintenant un cône et une pyramide régulière inscrite dans ce cône. La surface latérale de cette pyramide est développable sur un plan, et cette propriété subsistera toujours, si l'on augmente indéfiniment le nombre des faces de la pyramide; donc elle a encore lieu pour le cône qui est la limite de la pyramide.

On voit aisément d'ailleurs que *le développement de la surface latérale d'un cône droit est un secteur circulaire ayant pour rayon le côté du cône, et pour base un arc de même longueur que la circonférence de la base du cône.*

On déduit immédiatement de là que *le développement de la surface latérale d'un tronc de cône droit à base circulaire est un trapèze circulaire, dont les côtés rectilignes sont égaux au côté du tronc de cône, et dont les deux bases sont des arcs concentriques res-*

pectivement égaux aux longueurs des circonférences des bases du tronc de cône.

553. APPLICATIONS. Comme application des propriétés précédentes, nous indiquerons la fabrication des abat-jour en papier ou en fer-blanc. Ces ustensiles ont la forme de troncs de cône ouverts aux deux bouts ; pour les obtenir, on découpe dans la feuille de papier ou de métal le trapèze circulaire qui représente le développement de la surface de l'abat-jour ; puis on enroule ce trapèze sur un moule conique convenablement choisi, de manière que les côtés rectilignes se rejoignent et il ne reste plus qu'à les fixer l'un à l'autre.

On opère de même pour fabriquer les seaux en zinc qui ont la forme d'un tronc de cône.

§ 2. — Mesure de la surface et du volume du cône et du tronc de cône.

554. DÉFINITIONS. Pour le cône comme pour le cylindre, il est indispensable de donner des définitions précises de la surface et du volume. Voici celles qui ont été adoptées.

La surface latérale d'un cône droit à base circulaire est la limite vers laquelle tend la surface latérale d'une pyramide régulière inscrite dans le cône, quand le nombre des faces de cette pyramide augmente indéfiniment.

Le volume d'un cône circulaire droit est la limite vers laquelle tend le volume d'une pyramide régulière inscrite dans le cône, quand le nombre de ses faces augmente indéfiniment.

On définirait d'une manière analogue la surface latérale et le volume d'un tronc de cône.

On appelle *apothème* d'une pyramide régulière SABCDE la longueur de la perpendiculaire SG abaissée du sommet de la pyramide sur l'un quelconque des côtés de la base (fig. 108). Toutes les faces étant des triangles isocèles égaux, les perpendiculaires abaissées du sommet sur les bases de ces triangles ont évidemment la même longueur.

555. THÉORÈME. *La surface latérale d'une pyramide régulière a pour mesure la moitié du produit de son apothème par le périmètre de sa base.*

DÉMONSTRATION. Soient SABCDE une pyramide régulière, SG son apothème; les faces latérales SAB, SBC, etc.,

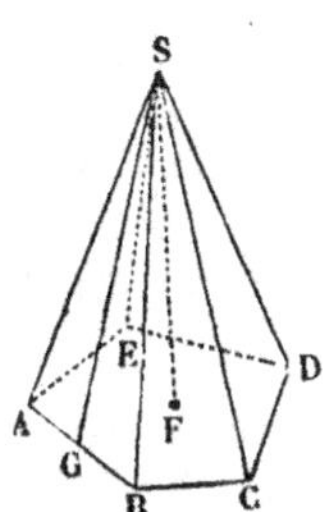
Fig. 108.

sont des triangles isocèles ayant pour bases les divers côtés de la base de la pyramide, et pour hauteur commune la longueur de l'apothème SG ; or, chacun d'eux a pour mesure la moitié du produit de sa base par sa hauteur (235) ; donc leur somme est égale à la moitié du produit de la somme des bases par la hauteur commune ; en d'autres termes, la surface latérale de la pyramide a pour mesure la moitié du produit du périmètre de sa base par son apothème ; C. Q. F. D.

556. THÉORÈME. *La surface latérale d'un cône droit a pour mesure la moitié du produit de la circonférence de base par le côté du cône.*

DÉMONSTRATION. J'inscris dans le cône une pyramide régulière, SABCD, ayant SL pour apothème ; la surface latérale de cette pyramide aura pour mesure le produit du périmètre de sa base par $\frac{1}{2}$ SL. Si l'on

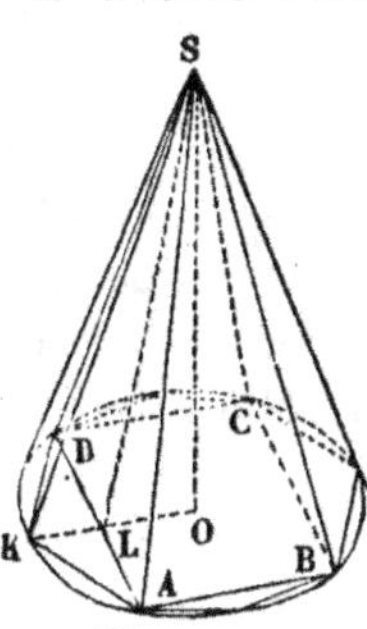
Fig. 109.

augmente indéfiniment le nombre des faces de cette pyramide, le périmètre de sa base tendra vers la circonférence de la base du cône, circ. OK, et l'apothème SL aura pour limite le côté SK du cône.

La surface latérale de la pyramide aura donc pour limite le produit

$$\text{Circ. OK} \times \frac{1}{2}\,\text{SK} ;$$

mais cette limite est, par définition, la mesure de la surface latérale du cône ; l'énoncé ci-dessus se trouve donc justifié.

On pourrait encore démontrer ce théorème en développant la surface latérale du cône sur un plan, et mesurant l'aire du secteur qui forme ce développement (552).

557. REMARQUE. En désignant par la lettre R le rayon de la base du cône, et par A le côté de ce cône, la surface latérale du cône sera exprimée par le produit

$$\frac{1}{2}.\ 2\,\pi R \times A, \text{ ou, simplement } \pi RA ;$$ on a donc la formule

$$\text{surf. lat. cône} = \pi RA.$$

La surface *totale* s'en déduira immédiatement en ajoutant l'aire de la base à la surface latérale, ce qui donne

$$\text{surf. tot. cône} = \pi R^2 + \pi RA = \pi R \times (R + A).$$

558. THÉORÈME. *La surface latérale d'un tronc de pyramide régulière a pour mesure la demi-somme des périmètres de ses bases multipliée par l'apothème du tronc de pyramide.*

DÉMONSTRATION. Soit SABCDE une pyramide régulière que je coupe par un plan *abcde* parallèle à la base (fig. 110) ; j'obtiens ainsi un tronc de pyramide régulière, dont toutes les faces latérales sont des trapèzes isocèles égaux ; en effet, les arêtes SA, SB, SC...., sont toutes égales, puisque la pyramide SABCDE est régulière ; les arêtes S*a*, S*b*, S*c*,... proportionnelles à SA, SB, SC,... (511), sont aussi égales entre elles ; donc A*a* = B*b* = C*c* =... ; par suite les trapèzes sont tous isocèles. Je dis de plus qu'ils sont égaux ; car leurs grandes bases sont égales puisque le polygone ABCDE est régulier ; leurs petites bases sont aussi égales, parce que le polygone *abcde* est semblable au polygone ABCDE (511), et par conséquent est régulier ; enfin les côtés non parallèles sont tous égaux entre eux, comme nous venons de le faire voir ; donc tous ces trapèzes sont égaux entre eux. Il résulte de là qu'ils auront tous la même hauteur ; pour l'obtenir, je mène l'apothème SG de la pyramide SABCDE ; la partie G*g* de cette ligne comprise

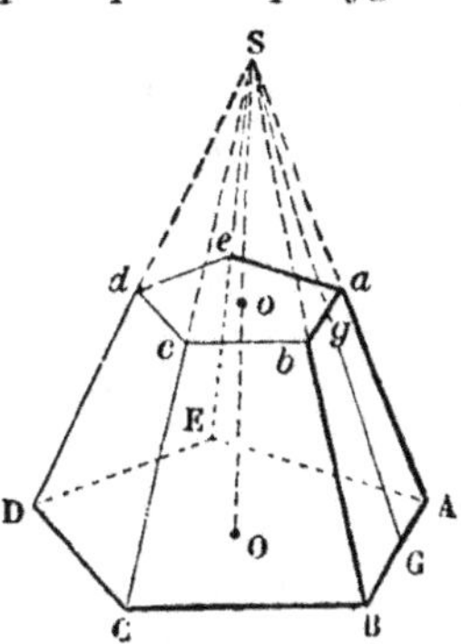

Fig. 110.

entre AB et *ab* sera la hauteur du trapèze AB*ba* ; on lui donne le nom d'*apothème* du tronc de pyramide.

Cela posé, j'évalue successivement les aires de toutes les faces latérales de ce polyèdre ; l'aire du trapèze AB*ba* est égale, comme on sait (237), au produit $\dfrac{\text{AB} + ab}{2} \times \text{G}g$; de même l'aire du trapèze BC*cb* est égale à $\dfrac{\text{BC} + bc}{2} \times \text{G}g$; et ainsi de suite ; la somme de tous ces trapèzes est évidemment égale au produit de la demi-somme de toutes les bases multipliée par la hauteur commune, c'est-à-dire à

$$\frac{\text{AB} + \text{BC} + \text{CD} + \ldots + ab + bc + cd + \ldots}{2} \times \text{G}g ;$$

en d'autres termes, la surface latérale du tronc de pyramide est égale à la demi-somme des périmètres des bases multipliée par l'apothème ; C. Q. F. D.

559. THÉORÈME. *La surface latérale d'un tronc de cône droit a pour mesure la demi-somme des circonférences des bases multipliée par le côté.*

Même démonstration que pour la surface latérale du cône.

On pourrait encore arriver à ce théorème en mesurant l'aire du développement de la surface latérale du tronc de cône (552).

560. COROLLAIRE. Si nous appelons R et r les rayons des deux bases du tronc de cône, et A son côté, son aire latérale sera donnée par la formule :

surf. lat. du tronc de cône $= \pi (R + r) \times A$;

car les circonférences des deux bases ont pour longueurs respectives $2 \pi R$ et $2 \pi r$, et leur demi-somme est égale à $\pi (R + r)$.

561. COROLLAIRE II. Par le milieu D du côté AA, (fig. 111), je mène un plan parallèle aux bases ; ce plan coupe le tronc de cône suivant un cercle dont le rayon CD est égal à la demi-somme des rayons OA et O'A' (265) ; donc on peut remplacer la demi-somme des circonférences des bases par circ. CD. Donc *la surface latérale du tronc de cône est égale à la circonférence moyenne multipliée par le côté.*

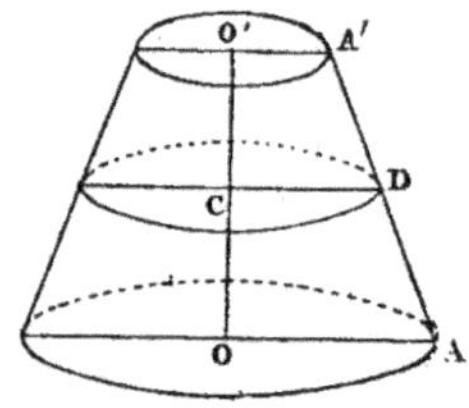

Fig. 111.

Cette mesure s'applique aussi à la surface latérale du cylindre et à celle du cône ; dans le cylindre, la circonférence moyenne est égale à la circonférence de base, e le côté est égal à la hauteur ; dans le cône, la circonférence moyenne est égale à la moitié de celle de la base.

EXEMPLES. I. Trouver la surface latérale d'un cône dont le rayon de base est égal à $2^m,5$ et le côté à $6^m,4$.

Cette surface est égale à

$$2,5 \times 6,4 \times \pi = 16 \times \pi = 50^{mq}, 2655,$$

à un centimètre carré près.

II. Les rayons des deux bases d'un tronc de cône sont $0^m,16$ et $0^m,03$, et le côté est égal à $0^m,15$; quelle est la surface latérale du tronc de cône ?

La surface demandée est égale à

$$(0,16 + 0,03) \times 0,15 \times \pi = 0,0285 \times \pi = 0^{mq},0895,$$

à moins d'un centimètre carré près.

III. Le diamètre de la base d'un cône est égal à son côté ; sachant que la surface totale de ce cône est égale à 1 mètre carré, calculer son diamètre.

La surface totale d'un cône a pour expression $\pi R(R + A)$, et comme A est égal à $2R$, cette expression devient $\pi R \times 3\pi R = 3R^2$; on a donc

$$3\pi R^2 = 1 ;$$

d'où l'on tire

$$R^2 = \frac{1}{3\pi} = 0,106103,$$

et par suite

$$R = \sqrt{0,106103} = 0^m,326.$$

562. THÉORÈME. *Le volume d'un cône est égal au tiers du produit de sa base par sa hauteur.*

Il suffit, pour le voir, de considérer le volume du cône comme la limite du volume de la pyramide régulière inscrite, quand on augmente indéfiniment le nombre des faces de cette pyramide.

En désignant par R le rayon de base, et par H la hauteur du cône, son volume a pour expression

$$\frac{1}{3}\pi R^2 H.$$

EXEMPLES. I. Le rayon de la base d'un cône est égal

à $0^m,62$, et sa hauteur est égale à $1^m,50$; quel est son volume ?

Il est égal à

$$\frac{1}{3}\,0,62^2 \times 1,50 \times \pi = 0,1922 \times \pi = 0^{mc},603814$$

à moins d'un centimètre cube près.

II. Le diamètre d'un cône est égal à 1 mètre, et son côté a la même longueur ; calculer son volume.

La hauteur se calcule en remarquant que le côté est l'hypoténuse d'un triangle rectangle dont les côtés sont la hauteur et le rayon. Il résulte de là que la hauteur est égale à $\sqrt{1^2 - 0,5^2} = \sqrt{0,75}$; par conséquent, le volume est égal à

$$\frac{1}{3}\,0,5^2 \times \sqrt{0,75} \times \pi = 0^{mc},2267,$$

à moins de $0^{mc},0001$ près.

III. Un cône dont la hauteur est égale à $0^m,42$ a un volume de 25 décimètres cubes ; calculer le rayon de sa base.

Le volume est égal à $0^{mc},025$; alors, en appelant R le rayon, on a :

$$\frac{1}{3}\,\pi R^2 \times 0,42 = 0,025 ;$$

d'où l'on tire

$$R^2 = \frac{0,025 \times 3}{0,42 \times \pi} = \frac{25}{140} \times \frac{1}{\pi} = 0,056841 ;$$

donc $R = \sqrt{0,056841} = 0^m,238$, à 1 millimètre près.

563. Théorème. *Le volume d'un tronc de cône à bases parallèles est égal à la somme de trois cônes ayant pour hauteur commune la hauteur du tronc, et*

pour bases, le premier la base inférieure, le second la base supérieure, et le troisième une moyenne proportionnelle entre les deux bases.

Démonstration analogue aux précédentes, en regardant le tronc de cône comme la limite d'un tronc de pyramide inscrit.

564. COROLLAIRE. Désignons par R et r les rayons des deux bases, par H la hauteur; l'aire de la base inférieure sera πR^2, celle de la base supérieure, πr^2; cherchons maintenant la moyenne proportionnelle entre ces deux bases : il faut les multiplier l'une par l'autre, et extraire la racine carrée du produit, ce qui donne évidemment $\pi R r$; le volume du tronc de cône est donc

$$\frac{1}{3}\pi R^2 H + \frac{1}{3}\pi r^2 H + \frac{1}{3}\pi R r H,$$

ou bien, en mettant $\dfrac{\pi H}{3}$ en facteur commun,

$$\frac{\pi H}{3}\,(R^2 + r^2 + R r).$$

EXEMPLE. Trouver en litres la capacité intérieure d'un vase ayant la forme d'un tronc de cône et les dimensions suivantes :

Rayon de la grande base.. .... $12^c,5$,
Rayon de la petite base...... .. .. 10^c,
Hauteur.................... .... 25^c.

Comme on demande le volume en litres ou en décimètres cubes, je rapporterai ces longueurs au décimètre, et alors le volume sera

$$\frac{2,5\,\pi}{3}\times(1,25^2 + 1^2 + 1,25\times 1) = 9^{lit},981$$

à moins d'un centimètre cube près par défaut.

565. APPLICATIONS. I. *Cubage des arbres en grume.*

Un arbre en *grume*, c'est un arbre abattu, dépouillé de ses branches, mais ayant encore son écorce ; *cuber* un tronc d'arbre, une pièce de bois, un tas de sable, etc., c'est en mesurer le volume.

Lorsque le tronc d'arbre que l'on veut cuber est bien rond et bien droit, on peut le considérer comme un tronc de cône et déterminer son volume par la formule précédente ; on mesure avec une ficelle les circonférences extrêmes et la longueur du tronc d'arbre ; on peut alors calculer les rayons R et r et appliquer la formule. Lorsque les circonférences extrêmes sont peu différentes l'une de l'autre, on peut, sans erreur notable, regarder le tronc d'arbre comme un cylindre ayant pour diamètre le diamètre moyen de l'arbre, ce qui simplifie beaucoup les calculs.

Il est extrêmement rare qu'on ait besoin de mesurer le volume *exact* d'un arbre en grume ; ce que l'on cherche habituellement, c'est le volume qu'il aurait si l'on enlevait l'écorce et l'aubier. Il ne peut pas y avoir de règle géométrique pour résoudre cette question ; mais l'expérience a indiqué des moyens pratiques qu'il est utile de connaître. D'abord, on a coutume de mesurer la circonférence moyenne en dedans de l'écorce ; ensuite on déduit une certaine fraction de ce pourtour moyen, ordinairement le sixième ou le cinquième ; on prend le quart de la longueur restante ; on l'élève au carré, et on multiplie ce carré par la longueur de l'arbre. C'est ce qu'on appelle cuber un arbre *au sixième déduit, au cinquième déduit.*

EXEMPLE. Un sapin a $17^m,40$ de longueur ; son pourtour moyen sous écorce est égal à $1^m,17$; cuber cet arbre au sixième déduit.

Déduction faite du sixième, le pourtour moyen est $0^m,975$; alors le volume demandé est :

$$\left(\frac{0,975}{4}\right)^2 \times 17,40 = 1^{mc},0338046875,$$

8

ou simplement 1 stère, 03, à moins d'un centième de stère.

566. II. *Jaugeage des tonneaux. Jauger* un vase, c'est trouver sa capacité en hectolitres, en décalitres, en litres, etc. Les tonneaux n'ont pas une forme géométrique très régulière, parce que les douves ont une courbure variable ; on ne peut donc pas avoir une formule rigoureuse pour l'évaluation de leur volume. On emploie un grand nombre de formules empiriques dont nous donnerons quelques-unes ; dans toutes, R désignera le plus grand rayon intérieur du tonneau ; c'est le rayon du *bouge ; r* représentera le rayon intérieur de chacun des fonds du tonneau ou le rayon du *jable*, et H la longueur intérieure du tonneau.

L'instruction ministérielle de l'an VII prescrivait un procédé qui peut s'exprimer algébriquement par la formule suivante :

$$V = \pi H \left[\frac{2R + r}{3} \right]^2 ; \qquad [1]$$

cela revient, en définitive, à considérer le tonneau comme un cylindre dont le rayon est $\dfrac{2R + r}{3}$ et dont la hauteur est égale à la longueur intérieure du tonneau.

On emploie fréquemment en France la formule suivante, dite *formule de Dez :*

$$V = \pi H \left[R - \frac{3}{8} (R - r) \right]^2 . \qquad [2]$$

En Angleterre, on fait usage de la *formule d'Oughtred :*

$$V = \frac{1}{3} \pi H (2R^2 + r^2). \qquad [3]$$

Enfin, on a proposé la formule suivante, qui est

extrêmement simple, et qui donne ordinairement une approximation suffisante

$$V = 3{,}2 \times RrH. \qquad\qquad [4]$$

Cette dernière formule peut s'énoncer simplement comme il suit :

Multipliez par 8 le produit des trois dimensions intérieures du tonneau, longueur intérieure, diamètre du bouge et diamètre du jable, et vous aurez la capacité du tonneau en hectolitres.

En effet, la formule [4] donne le volume exprimé en mètres cubes ; pour l'avoir en hectolitres, il faut multiplier l'expression précédente par 10, ce qui donne :

$$V = 32\,RrH = 8 \times H \times 2\,R \times 2\,r \ ;$$

la règle précédente n'est que la traduction de cette formule.

Appliquons ces diverses formules à un exemple ; nous supposerons

$$R = 0^{\mathrm{m}}{,}33,$$
$$r = 0^{\mathrm{m}}{,}29,$$
$$H = 0^{\mathrm{m}}{,}75,$$

et, pour avoir la capacité en litres, nous rapporterons toutes ces longueurs au décimètre. La formule [1] donne

$$V = 7{,}5 \times \pi \times \left(\frac{9{,}5}{3}\right)^{2} = 236^{\mathrm{lit}}.$$

La formule de Dez donne

$$V = 7{,}5 \times \pi \times (3{,}3 - 0{,}15)^{2} = 234^{\mathrm{lit}}.$$

La formule d'Oughtred donne

$$V = \frac{7,5}{3} \times \pi \times (3,3^2 \times 2 + 2,9^2) = 237^{\text{lit}}.$$

Enfin la formule [4] donne

$$V = 3,2 \times 3,3 \times 2,9 \times 7,5 = 230^{\text{lit}}.$$

On voit par l'écart de ces résultats que chacune des quatre formules qui précèdent ne peut être exacte que pour une forme spéciale de tonneaux ; la dernière formule notamment donne un volume sensiblement moindre que les trois autres.

Problèmes à résoudre.

1. Calculer la surface latérale et la surface totale d'un cône droit à base circulaire dont le rayon du cercle de base a 6 décimètres et dont la hauteur est 8 décimètres.

2. Quel est le diamètre de la base d'un cône équilatéral dont le volume est 125cc ?

3. Un cône a 1mc de volume et sa hauteur est égale au rayon de sa base. Calculer ses dimensions à moins d'un millimètre près.

4. On a un demi-cercle de tôle mince ; on le courbe en rapprochant bord à bord les deux moitiés d'un diamètre et l'on obtient ainsi un cône droit dont la contenance est un litre. Calculer le rayon du demi-cercle.

5. La circonférence de base d'un cône est 20cm, et sa hauteur 25cm. Calculer son volume.

6. Calculer le volume engendré par un triangle équilatéra tournant autour de l'un de ses côtés.

7. Un cône en liège a 0m,6 pour rayon de base et 0m,8 pour hauteur ; il s'enfonce dans l'eau par son sommet. De quelle quantité, comptée sur sa hauteur, doit-il s'enfoncer, en supposant que la densité du liège soit 0,24 ?

8. On fait tourner un triangle équilatéral autour d'un de ses côtés, et on observe que la surface engendrée équivaut à la surface totale d'un cylindre de $0^m,6$ de rayon et $0^m,8$ de hauteur. On demande la longueur du côté de ce triangle.

9. Calculer le volume engendré par un losange de $3^m,79$ de côté, tournant autour d'une de ses diagonales qui a 6^m de longueur.

10. Partager l'aire latérale d'un cône de révolution en parties équivalentes par des plans parallèles à la base.

11. Le côté d'un cône est égal à $28^m,5$, et la surface de sa base est de 6 mètres carrés. On demande de calculer la surface du cercle dont le plan est distant de $2^m,75$ du plan de la base.

12. Trouver la surface latérale et le volume d'un tronc de cône droit à bases circulaires et parallèles, ayant une hauteur de 3^m et des rayons de bases égaux à $1^m,65$ et $0^m,95$.

13. Un tronc de cône a pour diamètres de ses bases
$$2R = 60^{mm}, \qquad 2r = 35^{mm};$$
quelle doit être sa hauteur pour que son volume soit de 125^{cc} ?

14. Trouver la surface latérale, la surface totale et le volume d'un tronc de cône droit à base circulaire, dans lequel les diamètres des bases ont 4^{dm} et 2^{dm} et le côté a 2^m.

15. La hauteur d'un tronc de cône est h; les diamètres de ses deux bases sont 4 décimètres et 22 décimètres. On demande quel diamètre il faudrait donner à un cylindre de même hauteur h pour que son volume fût équivalent à celui du tronc de cône.

16. Un vase a la forme d'un tronc de cône dont la base inférieure a 23 centimètres de diamètre ; la surface supérieure de l'eau contenue dans ce vase est un cercle de 26 centimètres de diamètre, et la profondeur de cette eau est de $14^c,4$. On y laisse tomber un cube de pierre de 5 centimètres de côté ; on demande à quelle hauteur s'élèvera le niveau de l'eau.

17. Un vase de forme conique a une capacité d'un litre et un diamètre de 25 centimètres, et il est rempli par de l'eau et du mercure. Le poids des deux liquides est le même ; on demande l'épaisseur de la couche d'eau et celle de la couche de mercure, la densité du mercure étant égale à 13,6.

18. Un creuset a la forme d'un tronc de cône dont le fond a $0^m,04$ de diamètre, le bord supérieur $0^m,07$ et la hauteur $0^m,10$. Ce creuset contient du métal en fusion dont la surface supérieure à $0^m,06$ de diamètre; on veut couler ce métal dans un moule cubique. Quel doit être le côté de ce moule pour que le métal le remplisse exactement?

19. Un cylindre et un tronc de cône ont une base commune et même hauteur; quel doit être le rapport des deux bases du tronc de cône pour que le volume du cylindre soit le double de celui du tronc de cône?

20. Le volume d'un tronc de cône est égal à la somme d'un cylindre ayant même hauteur que le tronc et pour base la section parallèle faite à égale distance des deux bases, et d'un cône ayant aussi même hauteur que le tronc et pour base un cercle dont le rayon est égal à la demi-différence des rayons des deux bases du tronc.

21. Lorsque l'apothème d'un tronc de cône est égal à la somme des rayons des bases, la moyenne géométrique entre ces rayons donne la moitié de la hauteur, et l'on obtient le volume en multipliant la surface totale par le sixième de cette hauteur.

22. Par un point S pris sur le prolongement du diamètre d'un cercle, on mène une tangente SA, et l'on fait tourner la figure autour du diamètre; la ligne SA décrit un cône dont la base est le cercle décrit par la perpendiculaire AP au diamètre. On demande de calculer la surface et le volume de ce cône. Le rayon du cercle est égal à $0^m,035$, et la distance du point S au centre est égale à $0^m,125$.

23. Connaissant le volume d'un tronc de cône de révolution, l'une des bases et la hauteur, trouver l'autre base.

24. Couper un cône donné en deux parties équivalentes par un plan parallèle à la base.

CHAPITRE III

PROPRIÉTÉS DE LA SPHÈRE

§ 1er. — Des cercles tracés sur la sphère.

567. DÉFINITIONS. On appelle *surface sphérique* une surface dont tous les points sont à égale distance d'un point intérieur appelé *centre :* telle est la surface extérieure d'une bille de billard, d'une balle de plomb, etc.

On donne le nom de *sphère* au corps limité par une surface sphérique ; et on appelle *rayon* de la sphère toute ligne qui joint le centre à un point de la surface ; par définition, tous les rayons d'une sphère sont égaux.

Toute ligne droite passant par le centre de la sphère, et terminée de part et d'autre à sa surface est un *diamètre ;* tous les diamètres sont égaux, puisque chacun d'eux est la somme de deux rayons.

La sphère peut être considérée comme engendrée par la rotation d'un demi-cercle ABC autour de son diamètre ; en effet, tous les points de cette demi-circonférence sont également distants de son centre O, et dans le mouvement de rotation autour de AB, leur distance au point O restera invariable, puisque ce point est sur l'axe ; donc la surface engendrée aura tous ses points à égale distance du point O ; ce qui revient à dire que c'est une surface sphérique.

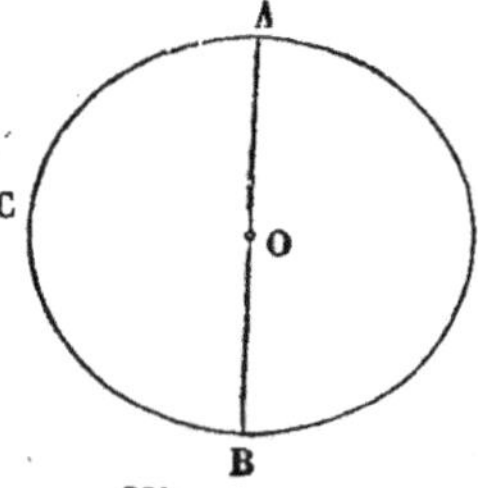

Fig. 112.

568. Théorème. *Toute section faite dans une sphère par un plan est un cercle.*

Démonstration. 1° Tout plan ABC, passant par le centre O de la sphère, la coupe suivant une courbe dont tous les

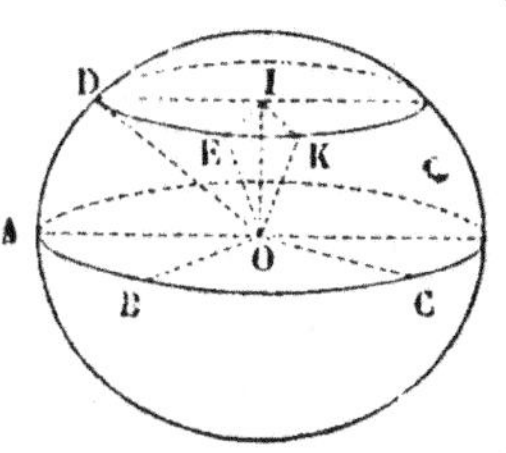

Fig. 113.

points A, B, C,... sont également distants du point O, d'après la définition de la surface sphérique ; cette courbe est donc une circonférence de cercle ayant pour centre le point O, et pour rayon, le rayon de la sphère.

2° Considérons maintenant la section faite par un plan DEK qui ne passe pas par le centre de la sphère ; de ce point, j'abaisse une perpendiculaire OI sur le plan de la section, et je mène les rayons OD, OE, OK... de la sphère, qui aboutissent à différents points de la section ; ces rayons sont des obliques égales menées du point O au plan sécant ; donc elles sont également éloignées du pied I de la perpendiculaire (403), c'est-à-dire qu'on a : ID = IE = IK... ; la courbe DEK est donc une circonférence de cercle ayant pour centre le pied I de la perpendiculaire abaissée du centre de la sphère sur le plan sécant, et pour rayon une ligne ID plus petite que le rayon OD de la sphère.

569. Remarque. Toute section passant par le centre de la sphère s'appelle un *grand cercle ;* toute section faite par un plan qui ne contient pas le centre de la sphère est un *petit cercle.*

570. Corollaire I. *Par deux points pris sur la surface de la sphère, on peut toujours faire passer une circonférence de grand cercle, et on n'en peut faire passer qu'une, pourvu que les deux points donnés ne soient pas les extrémités d'un même diamètre.*

En effet, les deux points donnés et le centre déterminent un plan unique qui coupe la sphère suivant un grand cercle ; mais si les deux points donnés sont en ligne droite avec le centre, on peut mener par ces trois points une infinité de plans, c'est-à-dire que par les deux points, on peut alors faire passer une infinité de circonférences de grands cercles.

571. COROLLAIRE II. *Par trois points pris à volonté sur la surface de la sphère, on peut toujours faire passer un petit cercle et un seul.*

En effet, ces trois points déterminent un plan qui coupe la sphère suivant un cercle passant par les trois points. S'il arrivait que ce plan contînt le centre, au lieu d'un petit cercle, on aurait un grand cercle.

572. COROLLAIRE III. *Deux grands cercles se coupent mutuellement en deux parties égales.*

En effet, leurs plans passent par le centre de la sphère ; l'intersection de ces deux plans est donc un diamètre de la sphère, et aussi un diamètre de chacun des deux grands cercles ; ce diamètre commun les partage l'un et l'autre en deux parties égales (124).

573. THÉORÈME. *Tout grand cercle* ABD *partage la sphère* C *et sa surface en deux parties égales* (fig. 114).

DÉMONSTRATION. En effet, retournons la portion supérieure ABDEM de manière à faire coïncider le grand cercle qui lui sert de base avec le grand cercle qui limite la partie inférieure de la sphère ABDEN. On peut y arriver en faisant tourner le corps ABDEM de 180° autour du diamètre AD ; les deux portions de la surface sphérique

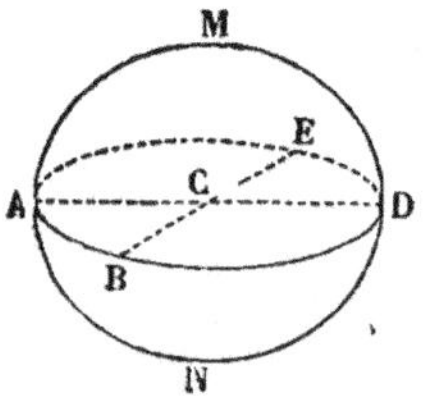

Fig. 114.

s'appliqueront alors l'une sur l'autre, puisque tous les points de chacune d'elles sont à égale distance du même point C ; ces deux parties sont donc égales ; C. Q. F. D.

574. Définition. On appelle *pôles* d'un cercle de la sphère les deux extrémités P et P′ du diamètre perpendiculaire au plan de ce cercle (fig. 115); il résulte de la démonstration du n° 568 que les deux pôles d'un cercle, son centre et le centre de la sphère sont quatre points en ligne droite. On voit aussi que tous les cercles dont les plans sont parallèles ont les mêmes pôles (431).

575. Théorème. *Le pôle d'un cercle est également distant de tous les points de la circonférence de ce cercle.*

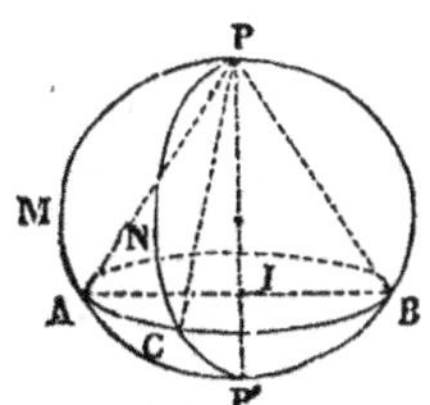

Fig. 115.

Démonstration. Soient P le pôle d'un cercle ACB, I le point de rencontre du diamètre PP′ avec le plan de ce cercle; PI est perpendiculaire à ce plan, et I est le centre du cercle ACB (568); donc les lignes PA, PB, PC,... sont des obliques qui s'écartent également du pied I de la perpendiculaire PI; par conséquent elles sont égales; c. q. f. d.

576. Corollaire I. Si nous joignons le point P aux points A, C, B... par des arcs de grand cercle, tels que PMA, PNC...., ces arcs, ayant des cordes égales et même rayon, seront égaux (129).

577. Corollaire II. Si le cercle donné est un grand cercle DEK (fig. 116), les arcs de grand cercle PD, PE, PK..., qui joignent le pôle P aux différents points de la circonférence du grand cercle, sont des quadrants; car PO, étant perpendiculaire au plan DEK, est perpendiculaire aux droites OD, OE, OK...; les angles POD, POE, POK étant droits, et ayant pour sommet commun le

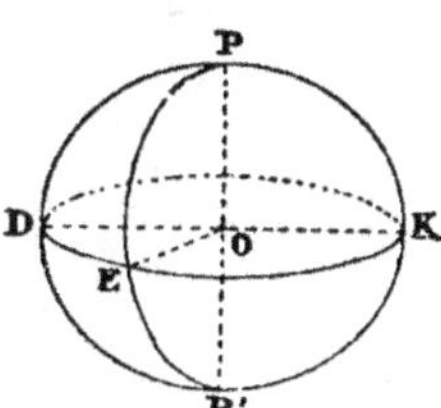

Fig. 116.

centre O de chacun des grands cercles PDP′, PEP′,... interceptent entre leurs côtés des arcs qui sont des quadrants (158).

578. Remarque. Il résulte du théorème précédent que si l'on met au point P (fig. 115) l'une des pointes d'un compas, et qu'on l'ouvre de manière que la distance des deux pointes soit égale à PA, l'autre pointe, en tournant, décrira, sur la surface de la sphère, la circonférence ACB. On peut donc décrire des cercles avec un compas sur la surface d'une sphère comme sur un plan ; seulement, il faut employer un compas à branches courbes, appelé *compas sphérique* (fig. 117).

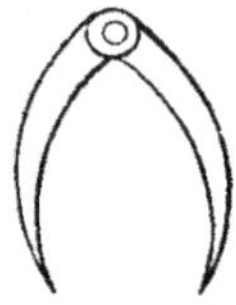

Fig. 117.

Pour abréger le langage, nous appellerons *distance polaire* d'un cercle, la distance du pôle de ce cercle à un point quelconque de la circonférence ; il résulte du corollaire précédent que la distance polaire d'un grand cercle est égale à la corde de l'arc de 90 degrés pris dans une circonférence d'un grand cercle, ou, comme on dit plus brièvement, à la *corde d'un quadrant*.

579. Problème. *Étant donnée une sphère solide, trouver son diamètre.*

Solution. D'un point A pris à volonté sur la surface de la sphère et avec une ouverture de compas arbitraire, je décris un cercle BCE ; je marque trois points B, C et D sur ce cercle, et je mesure avec le compas les trois longueurs BC, CD, DB ; puis, sur une feuille de papier, je construis un triangle ayant pour côtés ces trois longueurs, et je circonscris un cercle à ce triangle (125) ; le rayon de ce cercle sera évidemment le même

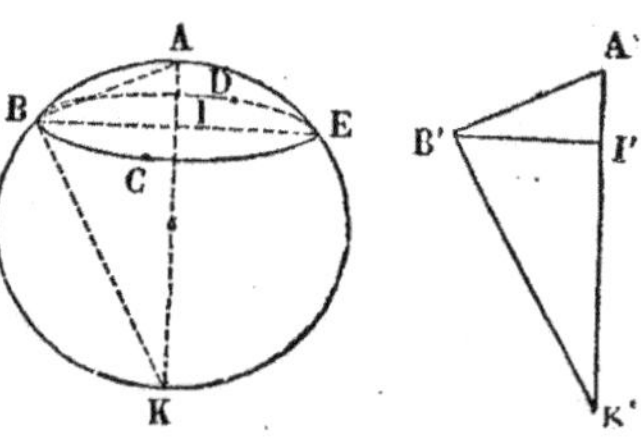

Fig. 118.

que celui du cercle BCE. Cela posé, concevons qu'on mène dans la sphère le diamètre AK qui passe par le point A ; ce diamètre coupe le plan du cercle BCE à son centre I ; imaginons ensuite qu'on joigne BI, AB et

BK, et qu'on trace le grand cercle ABK, l'angle ABK inscrit dans une demi-circonférence est droit (162). Dans le triangle rectangle ABK, nous connaissons le côté AB qui est l'ouverture de compas avec laquelle on a décrit le cercle BCE, et le rayon BI de ce cercle, qui a été construit. Nous pourrons donc faire sur une feuille de papier un triangle rectangle A′B′I′ égal au triangle ABI ; en menant ensuite B′K′ perpendiculaire à A′B′, la ligne A′K′ sera évidemment égale à AK, c'est-à-dire au diamètre de la sphère.

580. REMARQUE. Il est utile de remarquer que la méthode précédente serait encore applicable, si l'on n'avait qu'une portion de la sphère solide à sa disposition ; malheureusement elle n'est pas susceptible d'une grande précision, et il est même complètement impossible de s'en servir dans bien des cas, par exemple, lorsqu'on veut déterminer le rayon de la surface sphérique qui limite une lentille convergente ou divergente. On emploie alors un instrument spécial appelé *sphéromètre* ; il se compose essentiellement de trois pointes fixes *a*, *b*, *c*, formant un triangle équilatéral, et fixées à une monture métallique. Au centre A de cette monture et à égale distance des trois pointes est une vis M qui peut s'élever ou s'abaisser en restant toujours perpendiculaire au plan des trois pointes fixes ; de plus, la distance de l'extrémité de la vis à ce plan se mesure avec une grande précision d'après le nombre de tours et de fractions de tours qu'on a fait faire à la vis. Pour se servir de cet appareil, on le pose sur la sphère donnée, de manière que les trois pointes fixes soient en contact avec sa surface, et on abaisse la vis

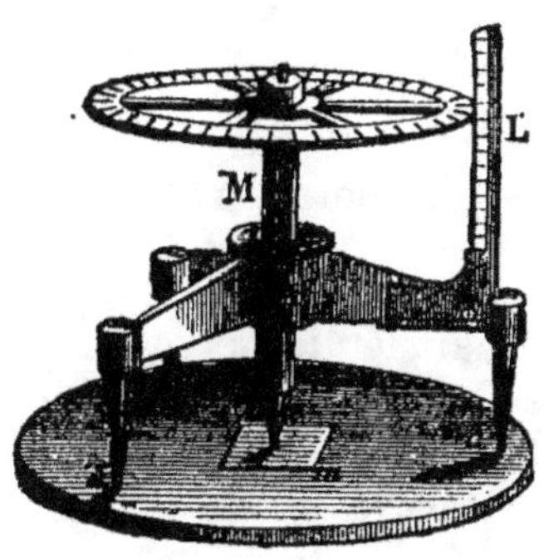

Fig 119.

jusqu'à ce qu'elle touche aussi cette surface ; son extrémité est alors le pôle du petit cercle passant par les trois pointes fixes ; nous pouvons, en nous reportant à la figure 118, supposer l'extrémité de la vis au point A, et les pointes fixes aux points B, C et D. Cela posé, on connaît le rayon BI du cercle qui passe par ces trois pointes ; c'est une longueur invariable pour le même instrument et qui a été déterminée une fois pour toutes avec une grande exactitude ; on connaît aussi AI comme nous l'avons expliqué plus haut ; on en déduit, par le théorème du carré de l'hypoténuse :

$$\overline{AB}^2 = \overline{AI}^2 + \overline{BI}^2 \, ;$$

de plus, dans le triangle rectangle ABK, le côté AB est une moyenne proportionnelle entre AI et AK ; on a donc :

$$\overline{AB}^2 = AI \times AK \, ;$$

d'où l'on tire :

$$AK = \frac{\overline{AB}^2}{AI} = \frac{\overline{AI}^2 + \overline{BI}^2}{AI} \, ;$$

et cette formule fait connaître le diamètre AK de la sphère.

581. Corollaire. Quand on connaît le diamètre d'une sphère, on peut décrire sur une feuille de papier un cercle de même rayon que cette sphère, et mener dans ce cercle la corde de l'arc de 90° ; cette corde sera la distance polaire d'un grand cercle de la sphère donnée ; on pourra donc décrire des grands cercles sur cette sphère.

582. Problème. *Par deux points donnés* A *et* B *sur la surface d'une sphère solide, faire passer une circonférence de grand cercle* (fig. 120).

Je commence par déterminer le rayon de la sphère donnée et la corde d'un quadrant (579, 581) ; alors des points A et B comme pôles avec une ouverture de compas égale à la corde d'un quadrant, je décris deux arcs de cercle qui se coupent en un point P ; puis du point P comme pôle avec la même ouverture de compas, je décris une circonférence de cercle qui passe évidemment par les deux points A et B, et qui de plus est une circonférence de grand cercle, puisque sa distance polaire est égale à la corde d'un quadrant.

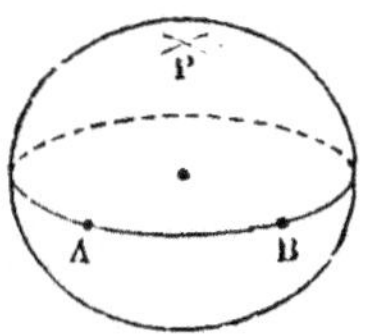

Fig. 120.

583. PROBLÈME. *Par trois points* A, B, C, *donnés sur la surface d'une sphère solide, faire passer une circonférence de cercle.*

SOLUTION. Des points A et B comme pôles avec la même ouverture de compas, je décris deux arcs de cercle qui se coupent en deux points D et E, et, par ces points, je fais passer un arc de grand cercle DE ; je dis que ce grand cercle est le lieu géométrique des points de la sphère qui sont également distants des points A et B. En effet, le point D est à égale distance des points A et B ; donc il est dans le plan perpendiculaire au milieu de la droite AB (405) ; il en est de même du point E ; le centre de la sphère est aussi un point de ce plan, puisqu'il est également distant des points A et B ; donc enfin le plan qui passe par les points D et E et par le centre de la sphère

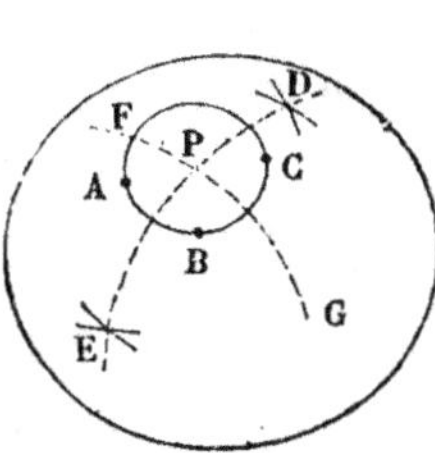

Fig. 121.

est le lieu des points de l'espace également distants des points A et B, et son intersection par la surface sphérique, c'est-à-dire le grand cercle DE, contient tous les points de cette surface équidistants des points A et B ; on en conclut que le pôle de tout cercle passant par les points A et B se trouve sur la circonférence DE. On construira de même la circonférence, lieu des points également distants de B et de C ; l'intersection de ces deux circonférences donnera le pôle P du cercle qui passe par les trois points A, B, C, et on pourra alors le décrire.

584. APPLICATIONS. La terre a sensiblement la forme d'une sphère, et on démontre en astronomie qu'elle tourne en 24 heures autour d'un de ses diamètres PP', qu'on appelle *l'axe de la terre ;* les deux extrémités de ce diamètre s'appellent les *pôles* de la terre. L'un est le pôle *nord* ou pôle *boréal*, l'autre est le pôle *sud* ou pôle *austral*.

Si l'on imagine que par le centre O de la terre on mène un plan perpendiculaire à l'axe

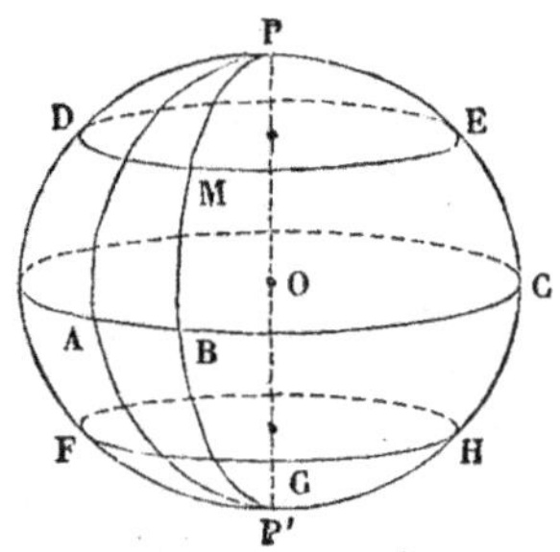

Fig. 122.

PP', ce plan coupera la surface du globe terrestre suivant un grand cercle ABC, qui s'appelle *l'équateur ;* ce grand cercle partage la sphère en deux parties égales, *l'hémisphère boréal* et *l'hémisphère austral*.

On considère encore sur la terre deux autres séries de cercles : les uns sont des grands cercles déterminés par des plans qui contiennent l'axe, on les nomme des *méridiens ;* tels sont les cercles PAP', PBP', etc. Les autres sont des petits cercles ayant pour pôles les points P et P' ; ce sont des *parallèles ;* tels sont les cercles DME, FGH. Par chaque point de la terre, on peut faire passer un méridien et un parallèle. Parmi les parallèles on distingue les *tropiques* et les *cercles polaires ;* les cercles polaires sont des parallèles menés à 23° 27' 15" des pôles ; si par exemple, l'arc de grand cercle P'F était égal à 23° 27' 15", le parallèle FGH serait l'un des deux cercles polaires : le cercle polaire le plus voisin du pôle nord s'appelle cercle polaire *arctique ;* l'autre, cercle polaire *antarctique*. Les tropiques sont des parallèles distants du pôle de 90° — 23° 27′ 15″, c'est-à-dire de 66° 32′ 45″ ; celui qui est dans l'hémisphère boréal est le *tropique du Capricorne*, l'autre est le *tropique du Cancer*.

585. Les méridiens et les parallèles servent à définir la longitude et la latitude. On appelle *longitude* d'un lieu l'angle que fait le méridien de ce lieu avec un méridien fixe pris pour origine ; cet angle est mesuré par l'arc d'équateur intercepté entre les deux méridiens. Les longitudes se comptent de 0° à 180° à l'est et à l'ouest du méridien fixe. En France, on prend pour méridien fixe celui qui passe par l'Observatoire de Paris ; alors, si PAP′ est le méridien de Paris, M un point quelconque de la terre dont le méridien est PBP′, la longitude de ce point sera l'arc AB de l'équateur compris entre le méridien de Paris et le méridien du lieu. La *latitude* d'un lieu est l'arc du méridien de ce lieu, compris entre ce lieu et l'équateur, cet arc étant exprimé en degrés. La latitude se compte de 0° à 90° à partir de l'équateur, et elle est dite *boréale* ou *australe*, suivant que le lieu dont il s'agit est situé dans l'hémisphère boréal ou dans l'hémisphère austral. La latitude du point M est la mesure en degrés de l'arc BM du méridien, compris entre ce point et l'équateur.

Quant on connaît la longitude et la latitude d'un lieu, sa position sur la surface terrestre est complètement déterminée ; supposons, par exemple, que la longitude soit de 25° *est*, et la latitude de 56° *nord* ; imaginons qu'on trace le méridien de 25° *est* ; en prenant, à partir de l'équateur sur ce méridien, un arc de 56° dans l'hémisphère boréal, on aura le point demandé.

586. On emploie souvent, pour l'enseignement de la géographie, des globes en carton ou en bois sur lesquels on trace tous les cercles dont nous venons de parler : les problèmes des n°s 579, 582, 583 permettent de faire ai-

sément toutes ces constructions ; nous n'insistons pas sur cette application qui est des plus faciles.

§ 2. — Plan tangent à la sphère.

587. Définitions. On dit qu'un plan est *tangent* à une sphère, lorsqu'il n'a qu'un point commun avec la surface de cette sphère ; ce point s'appelle le point de *contact* ou de *tangence*.

La perpendiculaire élevée au plan tangent par le point de contact s'appelle *normale* à la sphère en ce point.

588. Théorème. *Tout plan perpendiculaire à l'extrémité d'un rayon de la sphère est tangent à cette sphère.*

Démonstration. Soit P un plan perpendiculaire à l'extrémité du rayon OA ; je dis qu'il touche cette sphère au point A. En effet, soit B un point quelconque du plan P ; la ligne OB est oblique au plan P (395) ; elle est donc plus grande que la perpendiculaire OA, et par conséquent le point B est extérieur à la

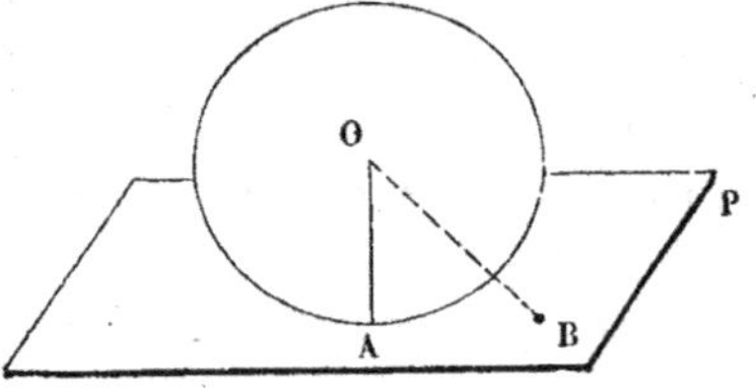

Fig. 123.

sphère. Tous les points du plan P, à l'exception du point A, sont donc extérieurs à la sphère ; en d'autres termes, le plan P est tangent à la sphère au point A ; c. q. f. d.

589. Théorème. Réciproquement, *tout plan* P *tangent à une sphère* O, *est perpendiculaire à l'extrémité du rayon qui aboutit au point de contact* A (fig. 123).

Démonstration. En effet, tous les points du plan P, à l'exception du point A, sont extérieurs à la sphère, et par suite leur distance au centre O est supérieure au rayon ; la ligne OA est donc la ligne la plus courte qu'on puisse mener du point O au plan P ; et par conséquent, elle est perpendiculaire à ce plan (402) ; C. Q. F. D.

590. COROLLAIRE I. *Par un point pris sur une sphère, on peut toujours lui mener un plan tangent, et l'on n'en peut mener qu'un.*

591. COROLLAIRE II. *Si deux plans parallèles sont tangents à une même sphère, les points de contact sont les extrémités d'un même diamètre, et la distance des deux plans parallèles est égale au diamètre de la sphère.*

Ce corollaire donne un moyen pratique de mesurer le

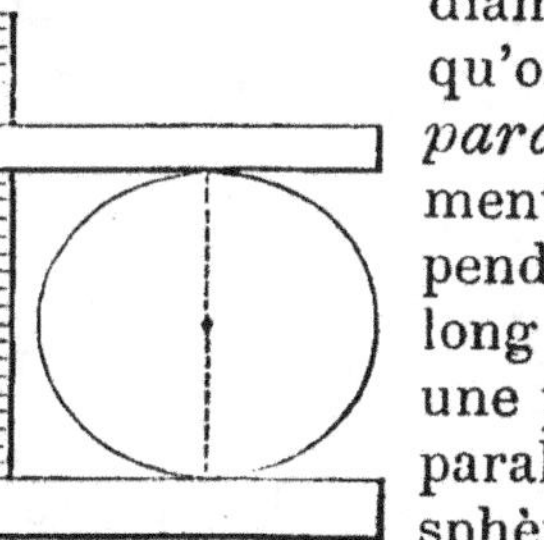
Fig. 124.

diamètre d'une sphère ; l'instrument qu'on emploie porte le nom de *comparateur*, et se compose essentiellement d'une règle graduée fixée per·pendiculairement à un plan fixe ; le long de cette règle glisse à frottement une planche mobile qui reste toujours parallèle au plan fixe ; on place la sphère sur le dernier plan, et on fait glisser la planchette mobile, jusqu'à ce qu'elle soit en contact avec la surface sphérique ; on lit alors sur la règle graduée le diamètre cherché.

592. APPLICATION. La terre ayant la forme d'une sphère, la surface des eaux tranquilles n'est pas rigoureusement plane ; il n'est donc pas tout à fait exact de dire que le plan horizontal coïncide avec la surface de niveau d'un liquide en repos. En réalité, le plan horizontal en un point est le plan tangent au globe terrestre en ce point et la verticale est la normale à la sphère au même point. Il résulte immédiatement de ces nouvelles définitions que deux verticales ne sont jamais parallèles ; toutefois, on peut, dans les applications, les regarder comme tout à fait parallèles, quand elles ne sont pas très éloignées l'une de l'autre. En effet, la circonférence d'un grand cercle de la terre vaut 40000000 mètres (Voy. la définition du mètre) ; l'arc d'une seconde aura alors une longueur égale à

$$\frac{40000000^{m}}{360 \times 60 \times 60} = \frac{40000^{m}}{36 \times 6 \times 6} = 31 \text{ mètres}$$

environ. On en déduit que deux verticales éloignées l'une de l'autre de 31 mètres ne font entre elles qu'un angle d'une seconde, angle tout à fait inappréciable avec les instruments de mesure ordinaires. Mais, si deux points sont très éloignés l'un de l'autre, leurs verticales font un angle très notable, et les plans horizontaux de ces deux lieux ne peuvent plus être regardés comme parallèles ; ainsi, les verticales des villes de Washington (États-Unis) et de Lima (Pérou) font un angle de près de 51°.

593. DÉFINITION. Une droite est dite *tangente* à une sphère, lorsqu'elle n'a qu'un point commun avec la surface de cette sphère. Ce point s'appelle le point de *contact* ou de *tangence*.

Toute tangente à un cercle tracé sur la sphère est évidemment tangente à la sphère.

Soit SM une droite tangente à la sphère O au point M (fig. 125); je mène le rayon OM, et par les droites OM et MS, je fais passer un plan qui coupe la sphère suivant le grand cercle AMB. La droite SM n'a d'autre point commun avec la circonférence AMB que le point M ; elle est donc tangente à cette circonférence en M, et par conséquent, elle est perpendiculaire à l'extrémité du rayon OM. Il résulte de là que cette tan-

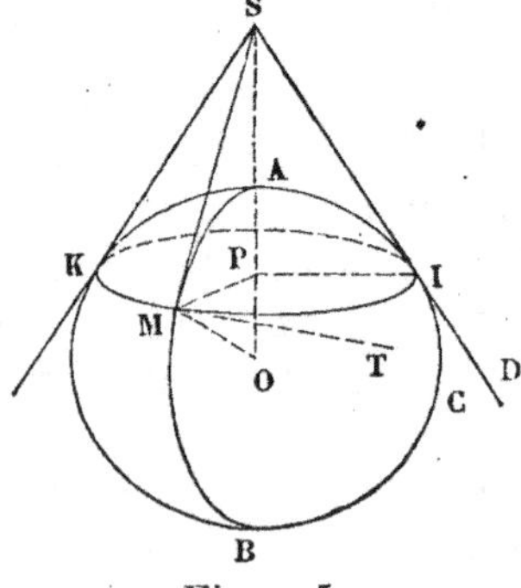

Fig. 125.

gente est contenue dans le plan tangent en M, qui est perpendiculaire à OM. Donc, *toute tangente à la sphère est perpendiculaire à l'extrémité du rayon qui passe par le point de contact, et est contenue dans le plan tangent en ce point.*

Les réciproques sont évidentes.

594. THÉORÈME. *Les tangentes menées à une sphère par un point extérieur à cette sphère sont les génératrices d'un cône droit à base circulaire.*

DÉMONSTRATION. Soit O le centre de la sphère donnée et S un point extérieur (fig. 125 *bis*). Je joins SO et par

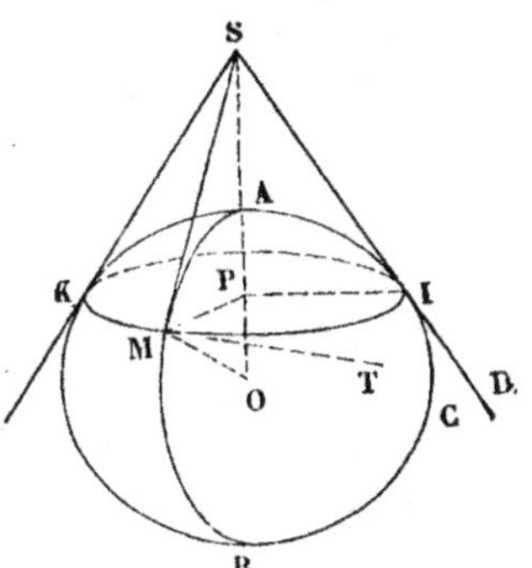

Fig. 125 *bis*.

cette droite, je fais passer un plan quelconque, qui coupe la sphère suivant un grand cercle AMB ; du point S, je mène la tangente SM à ce cercle ; cette droite est aussi tangente à la sphère. Cela posé, faisons tourner la figure autour de SO ; la demi-circonférence AMB engendrera la surface sphérique, et la droite SM engendrera la surface latérale d'un cône droit à base circulaire. Mais pendant la rotation, cette droite SM est constamment tangente à la sphère. Donc, les tangentes menées à la sphère par le point S sont les génératrices d'un cône circulaire droit, qui a pour sommet le point S et pour axe la droite SO ; C. Q. F. D.

Ce cône est dit *circonscrit* à la sphère.

595. COROLLAIRE. Pendant le mouvement de rotation de la tangente SM autour de SO, sa longueur reste invariable. Donc *les tangentes menées d'un même point à une sphère sont égales.*

596. REMARQUE I. Le cercle de base du cône circonscrit à la sphère est un petit cercle de la sphère ; car il est le lieu des points de contact de la sphère avec les tangentes SI, SM, SK..., issues du point S. Le centre P de ce cercle est sur SO ; son rayon PI est égal à la distance d'un quelconque des points de contact, I, à la droite SO. Ce cercle s'appelle le *cercle de contact* de la sphère et du cône circonscrit.

597. REMARQUE II. On verrait de même que les tangentes menées à une sphère parallèlement à une droite donnée sont les génératrices d'un cylindre circulaire droit, qui est dit alors *circonscrit* à la sphère. Le lieu des points de contact de toutes ces tangentes est un grand cercle, qu'on appelle le *cercle de contact* de la sphère et du cylindre.

598. THÉORÈME. *Lorsque deux sphères se coupent, leur intersection est une circonférence de cercle, dont le plan est perpendiculaire à la ligne des centres des deux sphères.*

DÉMONSTRATION. Soient A et B les centres des deux sphères ; par la ligne AB, je mène un plan qui coupe chacune des sphères suivant un grand cercle. Si ces deux grands cercles se coupent, les deux sphères se couperont aussi, et je dis que la courbe d'intersection sera une circonférence de cercle. En effet, soient CD la corde commune aux deux grands cercles, E, son point d'intersection avec la ligne des centres AB ; on sait que CD est perpendiculaire à AB, et que le point E est le milieu de CD (147). Faisons tourner les deux grands cercles M et N autour de la ligne AB ; leurs circonférences engendreront les deux sphères, et le point C décrira une circonférence ayant pour centre le point E, et située

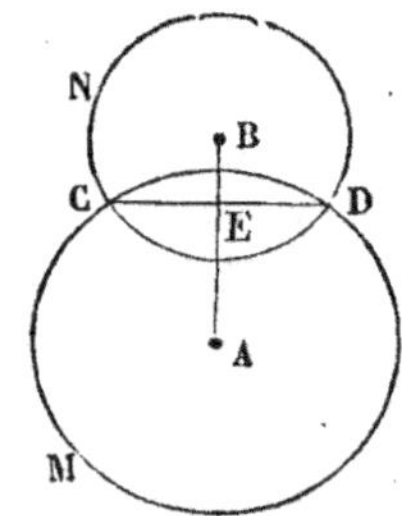

Fig. 126.

9.

dans un plan perpendiculaire à la ligne AB ; ce cercle sera évidemment commun aux deux sphères ; c. q. f. d.

599. REMARQUE. Deux sphères, comme deux cercles, peuvent occuper cinq positions différentes : elles peuvent être intérieures ou extérieures, sécantes, tangentes extérieurement ou intérieurement. On démontrerait facilement, comme on l'a fait pour deux circonférences, dans la Géométrie plane, que *si deux sphères sont tangentes, le point de contact est sur la ligne des centres.* On trouverait de même les conditions pour que les deux sphères occupent l'une des cinq positions que nous venons d'énumérer. (V. le chap. III du livre II.)

Problèmes à résoudre.

1. Par quatre points non situés dans un même plan, on peut faire passer une sphère, et on n'en peut faire passer qu'une.

2. Quelles conditions doivent remplir deux cercles qui ne sont pas dans un même plan pour appartenir à une même sphère ?

3. Trouver le lieu des centres des sections faites dans une sphère par tous les plans qui passent par une droite donnée.

4. Par une droite donnée, mener un plan tangent à une sphère donnée.

5. L'axe d'un cône fait un angle de 30° avec la génératrice ; on place à l'intérieur du cône une sphère de 1^m de rayon touchant le cône suivant un cercle, on demande le rayon du cercle de contact.

6. Dans une sphère de 1^m de rayon, on mène un plan sécant distant du centre de 50 centimètres ; calculer le rayon de la section faite par le plan dans la sphère.

CHAPITRE IV

SURFACE ET VOLUME DE LA SPHÈRE

§ 1er. — Aire de la zone et de la sphère.

600. Définitions. On appelle *ligne brisée régulière*, une ligne brisée plane et convexe, qui a tous ses côtés égaux et tous ses angles égaux.

On peut démontrer, comme on l'a fait pour un polygone régulier (311), qu'une ligne brisée régulière peut être inscrite dans un cercle et circonscrite à un autre cercle ; le centre commun de ces deux cercles s'appelle le *centre* de la ligne brisée régulière ; le rayon du cercle circonscrit et le rayon du cercle inscrit se nomment le *rayon* et l'*apothème* de cette ligne brisée. Enfin, si l'on prend sur une circonférence plusieurs arcs égaux à la suite les uns des autres, les cordes de tous ces arcs formeront une ligne brisée régulière (même démonstration qu'au n° 308 de la Géométrie plane).

601. On appelle *zone* la portion de la surface sphérique comprise entre deux circonférences, dont les plans sont parallèles ; ces circonférences s'appellent les *bases* de la zone ; sa *hauteur* est la distance des deux plans parallèles.

Si l'on considère le diamètre EF perpendiculaire aux plans des bases de la zone (fig. 127), tout plan mené par ce diamètre coupe la sphère suivant un grand cercle FBAE, et les plans des bases suivant les rayons AD et BC. Lorsqu'on fera tourner la figure autour

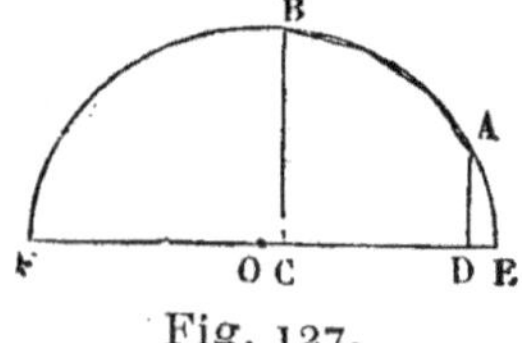

Fig. 127.

de EF, la demi-circonférence FBAE engendrera la surface sphérique, les lignes AD et BC décriront les bases de la zone, et l'arc AB engendrera la zone elle-même. Donc *une zone peut être engendrée par la révolution d'un arc de cercle autour d'un diamètre.*

602. Concevons maintenant que dans l'arc AB, qui engendre la zone, on inscrive une ligne brisée régulière composée de côtés très petits et en très grand nombre ; il est clair que cette ligne, en tournant autour du diamètre EF, engendrera une surface qui différera très peu de la zone. Si le nombre des côtés de la ligne brisée régulière augmente indéfiniment, l'aire qu'elle engendre en tournant autour du diamètre tend, comme nous le verrons tout à l'heure, vers une limite bien déterminée ; c'est cette limite qu'on appelle l'*aire de la zone.*

Ainsi, l'*aire d'une zone est la limite vers laquelle tend l'aire engendrée par une ligne brisée régulière inscrite dans l'arc générateur de la zone qui tourne autour du diamètre perpendiculaire aux bases, quand le nombre des côtés de cette ligne brisée augmente indéfiniment.*

Une zone peut n'avoir qu'une base ; ainsi la zone engendrée par la révolution de l'arc AF autour du diamètre EF n'a qu'une base ; on lui donne alors le nom de *calotte sphérique.*

603. LEMME. *Si l'on fait tourner autour d'une droite indéfinie* xy *comme axe, une droite AB limitée, située dans un même plan avec l'axe et d'un même côté de cette ligne, la surface qu'elle engendre a pour mesure le produit de la longueur AB par la circonférence que décrit son milieu* M (fig. 128, 129, 130).

La droite AB peut avoir trois positions différentes par rapport à l'axe *xy.*

1° Elle est parallèle à *xy ;* abaissons des points A, B et M des per-

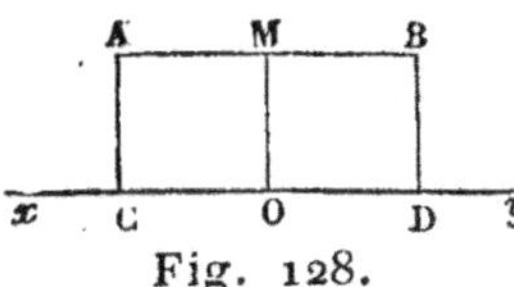

Fig. 128.

pendiculaires AC, BD, MO sur cet axe. En tournant autour de xy, le rectangle ABDC engendre un cylindre (537), et la ligne AB décrit la surface latérale de ce cylindre, on a donc (543) :

$$\text{surf. AB} = \text{AB} \times \text{circ. BD} ;$$

mais BD $=$ OM ; donc enfin,

$$\text{surf. AB} = \text{AB} \times \text{circ. OM} ;$$

C. Q. F. D.

2° La droite AB a l'une de ses extrémités, A, sur l'axe ; j'abaisse des points B et M les perpendiculaires BD et MO sur xy. Le triangle rectangle ABD, en tournant autour de l'axe, engendre un cône, et l'hypoténuse AB décrit la surface latérale de ce cône (548) ; donc cette surface a pour mesure la moitié du produit de la ligne AB par la circonférence de base (552) :

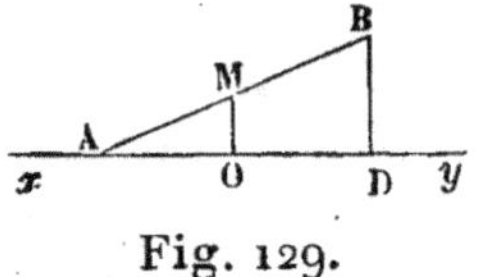

Fig. 129.

$$\text{surf. AB} = \frac{1}{2}\,\text{AB} \times \text{circ. BD} ;$$

mais MO est la moitié de BD (259) ; et comme les circonférences sont proportionnelles à leurs rayons (327), la circonférence qui a pour rayon OM est la moitié de la circonférence qui a pour rayon BD ; on aura donc encore :

$$\text{surf. AB} = \text{AB} \times \text{circ. OM} ;$$

C. Q. F. D.

3° Supposons enfin que la droite AB ne soit pas parallèle à l'axe xy, et de plus qu'elle n'ait aucun point commun avec cette ligne. J'abaisse encore des points A, B et M les perpendiculaires AC, BD et MO sur xy ; quand on fera tourner le trapèze ACDB autour de xy, il engen-

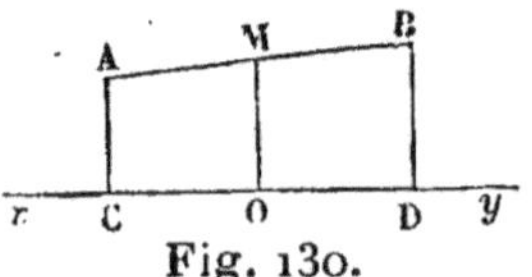

Fig. 130.

drera un tronc de cône droit à bases circulaires, et la ligne AB décrira la surface latérale de ce tronc de cône (550) ; la mesure de cette surface sera égale au produit de AB par la demi-somme des circonférences dont les rayons sont AC et BD (558) :

$$\text{surf. AB} = \frac{\text{circ. AC} + \text{circ. BD}}{2} \times \text{AB};$$

mais on sait (265) que la ligne MO est égale à la demi-somme des lignes AC et BD ; donc la circonférence qui a pour rayon OM est égale à la demi-somme des circonférences qui ont pour rayons AC et BD (327) ; par conséquent la formule précédente peut s'écrire :

$$\text{surf. AB} = \text{AB} \times \text{circ. OM};$$

C. Q. F. D.

604. THÉORÈME. *La surface engendrée par une ligne brisée régulière BCDE, tournant autour d'un axe xy mené dans son plan par son centre O et ne rencontrant pas son périmètre, a pour mesure le produit de la circonférence inscrite par la projection KP de la ligne brisée sur l'axe* (fig. 131).

DÉMONSTRATION. Soit OG l'apothème de la ligne brisée ;

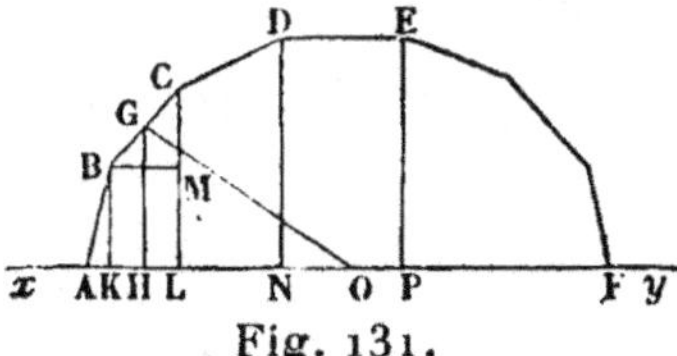

Fig. 131.

des sommets B, C, D, E de cette ligne, j'abaisse les perpendiculaires BK, CL, DN et EP sur l'axe xy ; je vais évaluer successivement les surfaces engendrées par les côtés BC, CD, DE, et j'ajouterai ensuite les valeurs trouvées.

Par le milieu G du côté BC, je mène la ligne GH perpendiculaire à xy, et j'ai, d'après le lemme précédent :

$$\text{surf. BC} = \text{BC} \times \text{circ. GH}.$$

Du point B, je mène BM perpendiculaire à CL ; les deux

triangles BCM, GOH ont les côtés respectivement perpendiculaires; donc ils sont semblables (264), et l'on a la proportion :

$$\frac{BC}{OG} = \frac{BM}{GH};$$

ou, en changeant les moyens de place,

$$\frac{BC}{BM} = \frac{OG}{GH};$$

d'autre part, les circonférences étant proportionnelles à leurs rayons, on aura aussi

$$\frac{c^{i}rc.\ OG}{circ.\ GH} = \frac{OG}{GH};$$

ces deux proportions ont un rapport commun; donc les deux autres sont égaux, ce qui donne :

$$\frac{BC}{BM} = \frac{circ.\ OG}{circ.\ GH};$$

ou bien, en égalant le produit des extrèmes au produit des moyens,

$$BC \times circ.\ GH = BM \times circ.\ OG.$$

Or le premier membre de cette égalité est l'expression de la surface engendrée par la ligne BC, on aura donc

$$surf.\ BC = BM \times circ.\ OG;$$

remplaçons enfin BM par la ligne égale KL, l'égalité précédente deviendra :

$$surf.\ BC = KL \times circ.\ OG.$$

On démontrera de la même manière que

$$surf.\ CD = LN \times circ.\ OG,$$
$$surf.\ DE = NP \times circ.\ OG,\ \text{etc.};$$

en ajoutant toutes ces expressions, on aura

$$\text{surf. BCDE} = (\text{KL} + \text{LN} + \text{NP}) \times \text{circ. OG,}$$

$$\text{surf. BCDE} = \text{KP} \times \text{circ. OG;}$$

C. Q. F. D.

605. Théorème. *L'aire d'une zone a pour mesure le produit de sa hauteur par la circonférence d'un grand cercle.*

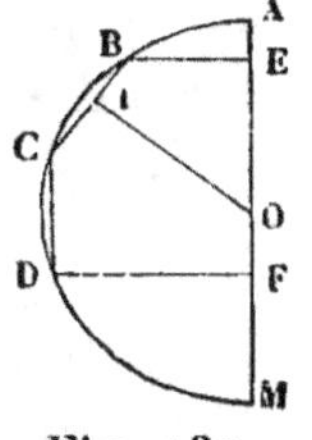

Fig. 132.

Démonstration. Je considère la zone engendrée par l'arc de cercle BCD tournant autour du diamètre AM; soit EF sa hauteur. J'inscris dans l'arc BCD une ligne brisée régulière BCD, et je mène l'apothème OI de cette ligne; d'après le théorème précédent, nous aurons :

$$\text{surf. BCD} = \text{EF} \times \text{circ. OI.}$$

Supposons maintenant que l'on augmente indéfiniment le nombre des côtés de la ligne brisée; l'apothème OI se rapprochera de plus en plus du rayon OA, et la surface engendrée par la ligne brisée régulière aura pour limite EF $\times$ circ. OA. Mais cette limite est, par définition, l'aire de la zone; donc

$$\text{zone BD} = \text{EF} \times \text{circ. OA;}$$

C. Q. F. D.

606. Corollaire. *Sur une même sphère, deux zones sont proportionnelles à leurs hauteurs.* Il résulte de là que si l'on veut diviser une zone en parties équivalentes, il suffira de diviser sa hauteur en parties égales et de mener par les points de division des plans parallèles aux bases de la zone.

607. Remarque. Si nous appelons R le rayon de la sphère, H la hauteur de la zone, nous aurons la formule

$$\text{zone} = 2\pi\text{RH;}$$

il en résulte qu'*une zone est équivalente à la surface latérale d'un cylindre de même hauteur que la zone, et dont le rayon est égal à celui de la sphère.*

EXEMPLE. La surface de la terre est divisée en cinq zones, la zone *torride*, comprise entre les deux tropiques, deux zones *tempérées*, comprises entre les tropiques et les cercles polaires, et deux zones *glaciales*, comprises entre les cercles polaires et les pôles. Chacune des zones tempérées a une hauteur égale à 3 3o6 kilomètres environ, quelle sera la surface d'une de ces zones ?

La circonférence d'un grand cercle de la terre vaut, d'après la définition du mètre, 4oooooo mètres, ou 4oooo kilomètres ; donc la surface d'une zone tempérée sera égale à

$$4oooo \times 33o6 = 132240000 \text{ kilomètres carrés}$$

environ.

608. THÉORÈME. *La surface d'une sphère a pour mesure le produit de son diamètre par la circonférence d'un grand cercle.*

DÉMONSTRATION. En effet, la sphère entière peut être considérée comme une zone engendrée par la révolution d'une demi-circonférence autour de son diamètre, et cette zone a pour hauteur le diamètre même de la sphère ; donc sa surface est égale au produit de son diamètre par la circonférence d'un grand cercle (605).

609. COROLLAIRE I. *La surface d'une sphère est équivalente à quatre fois la surface d'un grand cercle.*

En effet, si nous désignons par R le rayon de la sphère, sa surface sera exprimée par le produit $2R \times 2\pi R$, ou $4\pi R^2$; or la surface d'un grand cercle est égale à πR^2 (341) ; donc celle de la sphère est quatre fois plus grande.

610. Remarque. On peut exprimer la surface d'une sphère comme celle d'un cercle au moyen de son rayon, de son diamètre ou de la circonférence d'un grand cercle. Je désignerai par les lettres R, D, C et S, le rayon, le diamètre, la circonférence d'un grand cercle, et la surface de la sphère : on trouve aisément les trois formules :

$$S = 4\pi R^2 ; \qquad [1]$$
$$S = \pi D^2 ; \qquad [2]$$
$$S = \frac{C^2}{\pi} . \qquad [3]$$

611. Corollaire II. *Le rapport des surfaces de deux sphères est égal à celui des carrés de leurs rayons ou de leurs diamètres.*

En effet, soient R et R′ les rayons, D et D′ les diamètres, S et S′ les surfaces des deux sphères ; nous aurons :

$$S = 4\pi R^2, \qquad S' = 4\pi R'^2 ;$$

ou bien

$$S = \pi D^2, \qquad S' = \pi D'^2 ;$$

en divisant membre à membre, nous aurons

$$\frac{S}{S'} = \frac{R^2}{R'^2} = \frac{D^2}{D'^2} ;$$

C. Q. F. D.

Exemples. I. Trouver la surface de la terre en myriamètres carrés.

Puisque la circonférence d'un grand cercle est connue, j'emploierai la formule [3] ; cette circonférence est égale à 4000 myriamètres ; donc la surface du globe terrestre est

$$\frac{4000^2}{\pi} = 16000000 \times \frac{1}{\pi} = 5092958 \text{ myriamètres carrés}$$

environ.

II. Le diamètre d'un globe est de 22 centimètres ; quelle est sa surface ?

Elle est égale à

$$22^{2} \times \pi = 1520^{c \cdot q \cdot}, 53,$$

à moins de 1 millimètre carré près.

III. L'étoffe d'un ballon sphérique a une superficie de 250 mètres carrés ; quel est le diamètre du ballon ?

On a :

$$\pi D^{2} = 250 \;;$$

d'où l'on tire

$$D = \sqrt{\frac{250}{\pi}} = \sqrt{79,5775} = 8^{m},92,$$

à moins de 1 centimètre près.

§ 2. — Volume de la sphère.

612. DÉFINITIONS. On appelle *secteur sphérique* la portion de la sphère comprise entre une zone et les surfaces coniques qui ont pour sommet le centre de la sphère, et pour bases respectives les deux bases de la zone. Le secteur sphérique peut être engendré par la révolution d'un secteur circulaire OAB, autour du diamètre CD de ce cercle, mené hors du secteur.

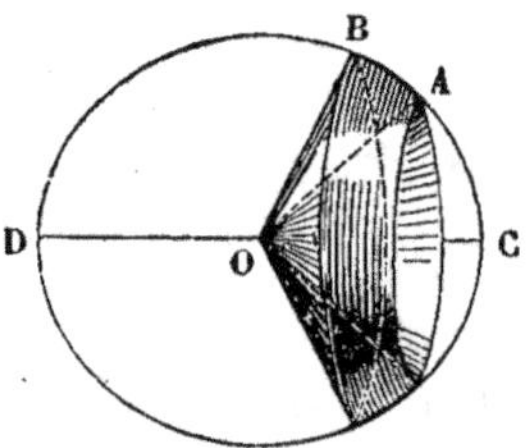

Fig. 133.

613. On appelle *segment sphérique* la portion de la sphère comprise entre deux plans parallèles ; la distance de ces deux plans parallèles est la *hauteur* du segment, et les cercles suivant lesquels ces plans coupent la sphère se nomment les *bases* du segment.

614. THÉORÈME. *Le volume d'une sphère a pour mesure le produit de sa surface par le tiers du rayon.*

DÉMONSTRATION. Imaginons qu'on circonscrive à la sphère un polyèdre dont toutes les faces lui soient tangentes, et joignons le centre de la sphère à tous les sommets de ce polyèdre ; nous le décomposerons ainsi en pyramides ayant pour bases les différentes faces du polyèdre, et pour hauteur commune le rayon de la sphère ; car la distance du centre d'une sphère à un plan tangent est égale au rayon (589). Il résulte de là que le volume de ce polyèdre aura pour mesure le produit de la somme de ses faces par le tiers du rayon, ou, ce qui revient au même, le produit de sa surface par le tiers du rayon.

Supposons maintenant qu'on augmente indéfiniment le nombre des faces de ce polyèdre de manière que l'aire de chaque face diminue indéfiniment et tende vers zéro ; nous admettrons que la surface totale du polyèdre aura alors pour limite la surface S de la sphère. Par suite, l'expression de son volume aura pour limite le produit

$$S \times \frac{1}{3} R,$$

R désignant le rayon. C'est cette limite qu'on convient de prendre pour mesure du volume de la sphère. Il résulte de cette définition que le volume de la sphère a pour mesure le produit de sa surface par le tiers du rayon ; C. Q. F. D.

615. COROLLAIRE. On peut exprimer le volume d'une sphère au moyen de son rayon, de son diamètre, ou de la circonférence d'un grand cercle. J'appellerai R le rayon de la sphère, D, son diamètre, V, son volume, S, sa surface, et C, la circonférence d'un grand cercle. Nous savons que la surface S est égale à $4\pi R^2$ ou à πD^2

ou à $\dfrac{C^2}{\pi}$ (610) ; nous savons aussi que l'on a : $R = \dfrac{C}{2\pi}$ (330) ; nous avons donc, en appliquant le théorème précédent, les trois formules suivantes :

$$V = 4\pi R^2 \times \frac{R}{3} = \frac{4}{3}\pi R^3 ; \qquad\qquad (1)$$

$$V = \pi D^2 \times \frac{R}{3} = \pi D^2 \times \frac{D}{6} = \frac{1}{6}\pi D^3 ; \qquad (2)$$

$$V = \frac{C^2}{\pi} \times \frac{R}{3} = \frac{C^2}{\pi} \times \frac{C}{6\pi} = \frac{C^3}{6\pi^2} ; \qquad (3)$$

Les deux premières formules sont les plus importantes. Elles montrent que *le rapport des volumes de deux sphères est égal au rapport des cubes de leurs rayons ou de leurs diamètres.*

EXEMPLES. I. Calculer le volume d'une sphère qui a 1 décimètre de diamètre.

J'emploie la formule [2], et j'ai

$$V = \frac{1}{6}\pi . 1^3 = 0^{dmc},523599,$$

ou 523 centimètres cubes, 599 millimètres cubes, à moins d'un millimètre cube par excès.

II. Calculer en myriamètres cubes le volume de la terre.

La circonférence d'un grand cercle est égale à 4000 myriamètres ; la formule [3] donne alors :

$$V = \frac{4000^3}{6\pi^2} = \frac{64\,000\,000\,000}{6\pi^2} = 1\,080\,731\,740^{mc}$$

à un myriamètre cube près ; mais une pareille approximation est illusoire, parce que la terre n'est pas une sphère parfaite ; nous dirons donc que le volume de la

terre est égal à 1080731000 myriamètres cubes environ.

III. Le volume d'une sphère est égal à un mètre cube ;
quel est son rayon ?

La formule [1] nous donne

$$1 = \frac{4}{3} \pi R^3 \; ;$$

nous en tirons :

$$R^3 = \frac{3}{4\pi} = 0,238\,732\,414,$$

et par suite

$$R = \sqrt[3]{0,238\,732\,414} = 0^m,620,$$

à moins d'un millimètre près par défaut.

IV. Le rapport du diamètre du soleil à celui de la
terre est 108,556 ; quel est le rapport de leurs volumes ?

Ce rapport est exprimé par le cube du nombre 108,556,
ce qui donne 1279268 environ ; le soleil est donc
1279268 fois plus gros que la terre.

616. THÉORÈME. *Le volume d'un secteur sphérique a
pour mesure le produit de la zone qui lui sert de
base par le tiers du rayon.*

La démonstration est la même que pour le théorème
précédent.

617. COROLLAIRE. Soit H la hauteur de la zone, R le
rayon de la sphère, le volume du secteur sphérique
sera

$$2\pi\,RH \times \frac{1}{3} R = \frac{2}{3} \pi R^2 H.$$

618. Problème. *Déterminer le volume d'un segment sphérique.*

Solution. Soit PP′ le diamètre de la sphère perpendiculaire aux plans des deux bases ; je mène par ce diamètre un plan quelconque qui coupe la sphère suivant un grand cercle, et les bases du segment suivant les lignes AA′ et BB′ perpendiculaires à PP′. Le segment peut être engendré par la révolution de la figure ABDC autour du diamètre PP′ ; or, il est clair que ce volume est égal à la somme des volumes du secteur sphérique engendré par le secteur circulaire OAB et du cône engendré par le triangle OBD, diminuée du volume du cône engendré par le triangle OAC. Comme on sait évaluer tous ces volumes, on pourra trouver le volume du segment.

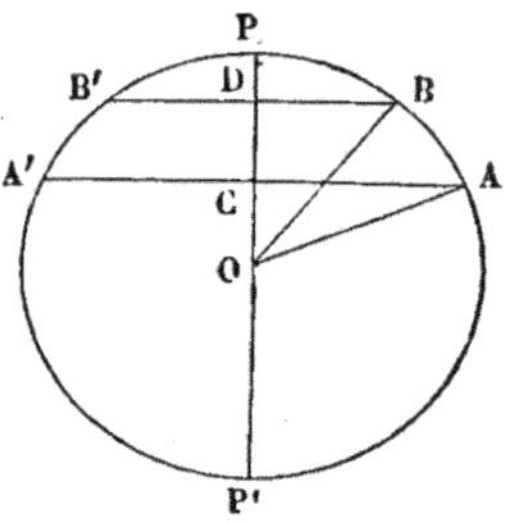

Fig. 134.

On démontre que *le volume du segment est équivalent à la demi-somme de deux cylindres qui auraient pour hauteur commune la hauteur du segment, et pour bases respectives les deux bases du segment, augmentée du volume d'une sphère qui aurait pour diamètre la hauteur du segment.*

Désignons, en effet, par R le rayon de la sphère, par r et r' les rayons CA et DB des deux bases, par h la hauteur du segment et par V son volume. Nous aurons

$$\text{Sect. sphérique OAB} = \frac{2}{3}\,\pi R^2 h,$$

$$\text{Cône OBD} = \frac{1}{3}\,\pi\, r'^2 \times \text{OD},$$

$$\text{Cône OAC} = \frac{1}{3}\,\pi\, r^2 \times \text{OC} ;$$

donc

$$V = \frac{2}{3}\pi R^2 h + \frac{1}{3}\pi r'^2 \times OD - \frac{1}{3}\pi r^2 \times OC.$$

Nous allons maintenant exprimer OC et OD en fonction de r, r' et h. Les triangles rectangles ODB, OCA donnent :

$$\overline{OD}^2 = R^2 - r'^2,$$
$$\overline{OC}^2 = R^2 - r^2,$$

d'où l'on tire

$$\overline{OD}^2 - \overline{OC}^2 = r^2 - r'^2 ;$$

on a d'ailleurs sur la figure

$$OD - OC = h.$$

Divisons ces deux égalités membre à membre, il viendra :

$$OD + OC = \frac{r^2 - r'^2}{h} ;$$

on connaît alors la somme et la différence des inconnues OD et OC ; par suite, en vertu d'une règle donnée en algèbre, on a :

$$OD = \frac{r^2 - r'^2}{2h} + \frac{h}{2},$$
$$OC = \frac{r^2 - r'^2}{2h} - \frac{h}{2}.$$

En substituant ces valeurs dans l'expression de V, et en mettant $\frac{1}{3}\pi$ en facteur commun, on obtient :

$$V = \frac{1}{3}\pi\left[2R^2 h + \frac{h}{2}(r^2 + r'^2) - \frac{(r^2 - r'^2)^2}{2h} \right].$$

Cette expression se simplifie si l'on remarque qu'on a :

$$R^2 = r'^2 + \overline{OD}^2$$
$$R^2 = r^2 + \overline{OC}^2,$$

d'où

$$2\,R^2 = r^2 + r'^2 + \overline{OC}^2 + \overline{OD}^2$$
$$= r^2 + r'^2 + \frac{(r^2 - r'^2)^2}{2\,h^2} + \frac{h^2}{2}.$$

Remplaçons $2R^2$ par cette valeur dans l'expression de V et opérons les réductions ; nous aurons :

$$V = \frac{1}{3}\,\pi \left[h\,(r^2 + r'^2) + \frac{h^3}{2} + \frac{h}{2}\,(r^2 + r'^2) \right],$$

ce qu'on peut écrire :

$$V = \frac{1}{2}\,\pi h\,(r^2 + r'^2) + \frac{1}{6}\,\pi h^3.$$

Le premier terme du second membre est la demi-somme des cylindres de hauteur h et de rayons r et r' ; le second terme est le volume de la sphère qui a h pour diamètre. L'énoncé précédent se trouve donc vérifié.

619. THÉORÈME. *Le volume engendré par un triangle tournant autour d'un axe situé dans son plan et passant par un de ses sommets sans pénétrer à l'intérieur a pour mesure le produit de l'aire que décrit le côté opposé au sommet fixe par le tiers de la hauteur correspondante.*

DÉMONSTRATION. Nous distinguerons trois cas :

1° Le triangle tourne autour d'un de ses côtés.

Soit ABC le triangle qui tourne autour de AC (fig. 135), BD, AE les hauteurs abaissées des sommets B et A. Le volume engendré par ABC est la somme des deux cônes engendrés par les triangles rectangles ABD, CBD. On a donc (562) :

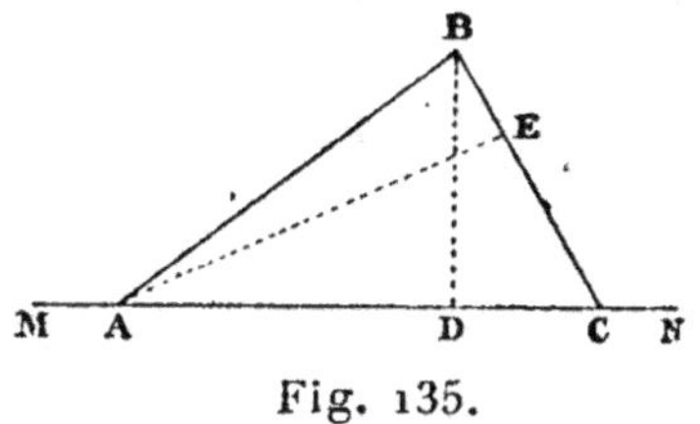

Fig. 135.

$$\text{vol. ABC} = \frac{1}{3}\pi\overline{\text{BD}}^2 \times \text{AD} + \frac{1}{3}\pi\overline{\text{BD}}^2 \times \text{DC} = \frac{1}{3}\pi\overline{\text{BD}}^2 \times \text{AC}.$$

$$= \frac{1}{3}\pi\text{BD} \times \text{BD} \times \text{AC};$$

mais $\text{BD} \times \text{AC} = \text{BC} \times \text{AE}$, car ces deux produits représentent chacun le double de l'aire du triangle ABC ; donc

$$\text{vol. ABC} = \pi\text{BD} \times \text{BC} \times \frac{1}{3}\text{AE};$$

or $\pi\,\text{BD} \times \text{BC}$ est la surface latérale du cône CBD (556) ; on peut donc écrire :

$$\text{vol. ABC} = \text{surf. BC} \times \frac{1}{3}\text{AE}; \qquad \text{c. q. f. d.}$$

2° Le triangle ABC tourne autour d'un axe MN qui passe par le sommet A, et rencontre le côté BC prolongé en un point D (fig. 136). Le volume engendré par le triangle ABC est la différence des volumes engendrés par les triangles ABD, ACD ; or on a (1°) :

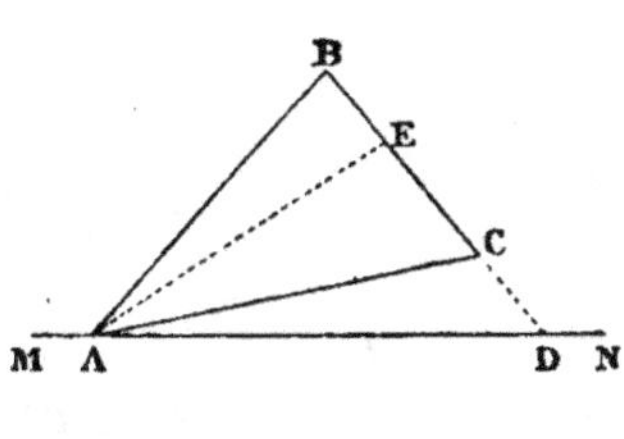

Fig. 136.

$$\text{vol. ABD} = \text{surf. BD} \times \tfrac{1}{3}\,\text{AE},$$

$$\text{vol. ACD} = \text{surf. CD} \times \tfrac{1}{3}\,\text{AE} ;$$

donc

$$\text{vol. ABC} = (\text{surf. BD} - \text{surf. CD}) \times \tfrac{1}{3}\,\text{AE}$$

$$= \text{surf. BC} \times \tfrac{1}{3}\,\text{AE};\qquad\text{C. Q. F. D.}$$

3° L'axe MN est parallèle au côté BC (fig. 137). On a dans ce cas :

$$\text{vol. ABC} = \text{vol. FBCG} - \text{vol. ABF} - \text{vol. ACG} ;$$

or vol. FBCG $= \pi\overline{\text{AE}}^{2} \times \text{BC}$,

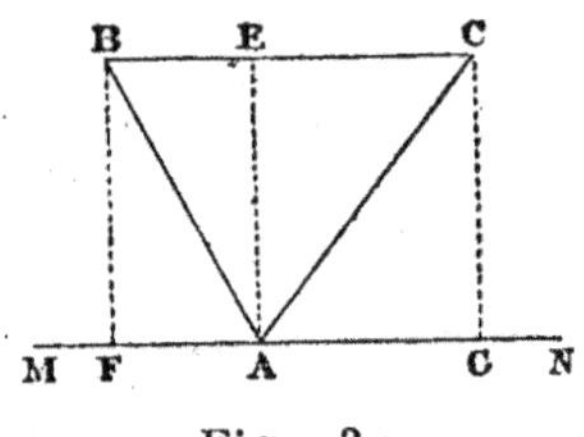
Fig. 137.

vol. ABF $= \tfrac{1}{3}\pi\overline{\text{AE}}^{2} \times \text{AF}$,

vol. ACG $= \tfrac{1}{3}\pi\overline{\text{AE}}^{2} \times \text{AG}$;

donc

$$\text{vol. ABC} = \tfrac{1}{3}\pi\overline{\text{AE}}^{2}\,(3\text{BC} - \text{AF} - \text{AG})$$

$$= \tfrac{2}{3}\pi\overline{\text{AE}}^{2} \times \text{BC} = 2\pi\text{AE} \times \text{BC} \times \tfrac{1}{3}\,\text{AE},$$

ou enfin

$$\text{vol. ABC} = \text{surf. BC} \times \tfrac{1}{3}\,\text{AE};\qquad\text{C. Q. F. D.}$$

620. THÉORÈME. *Le volume engendré par le secteur polygonal régulier OABCD tournant autour d'un axe MN mené dans son plan par son centre, a pour me-*

sure la surface décrite par la ligne brisée régulière ABCD *multipliée par le tiers du rayon du cercle inscrit* OE (fig. 138).

DÉMONSTRATION. Soit ABCB une ligne brisée régulière,

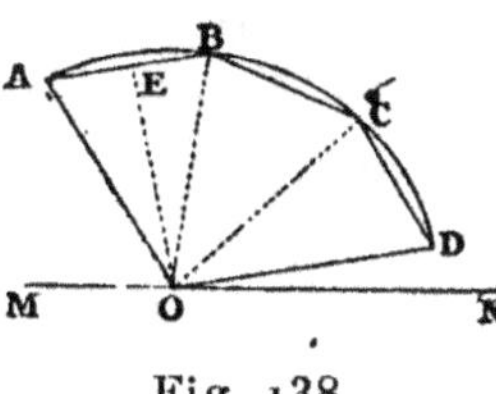

Fig. 138.

le polygone OABCD est ce que nous appelons un *secteur polygonal régulier.* Je mène les rayons OB, OC, et j'évalue les volumes engendrés par les triangles OAB, OBC, OCD qui ont tous pour hauteur OE ; j'ai alors (619) :

$$\text{vol. OAB} = \text{surf. AB} \times \tfrac{1}{3}\,\text{OE,}$$

$$\text{vol. OBC} = \text{surf. BC} \times \tfrac{1}{3}\,\text{OE,}$$

$$\text{vol. OCD} = \text{surf. CD} \times \tfrac{1}{3}\,\text{OE.}$$

Ajoutons :

$$\text{vol. OABCD} = (\text{surf. AB} + \text{surf. BC} + \text{surf. CD}) \times \tfrac{1}{3}\,\text{OE}$$

$$= \text{surf. ABCD} \times \tfrac{1}{3}\,\text{OE} ; \qquad \text{C. Q. F. D.}$$

621. THÉORÈME. *Le volume d'un secteur sphérique est égal à la zone qui lui sert de base multipliée par le tiers du rayon.*

DÉMONSTRATION. Soit OAB (fig. 139) le secteur qui, en tournant autour de MN, engendre le secteur sphérique ; dans l'arc AB j'inscris une ligne brisée régulière, et j'appelle r le rayon du cercle inscrit dans cette ligne brisée, et s la surface qu'elle décrit en tournant autour de MN ; le secteur polygonal régulier engendre en même temps

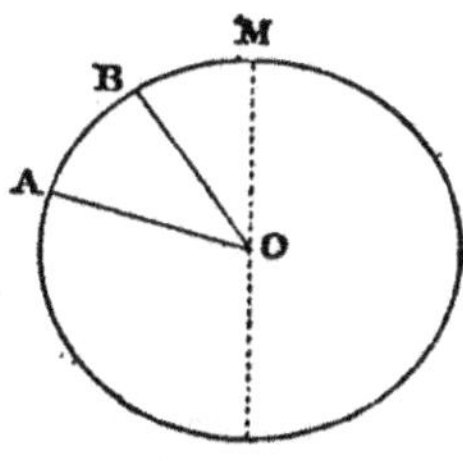

Fig. 139.

un volume dont la mesure est (620) :

$$s \times \frac{1}{3} r \, ;$$

Si l'on suppose que le nombre des côtés de la ligne brisée régulière croisse indéfiniment, s aura pour limite l'aire de la zone AB et r aura pour limite le rayon OA de la sphère. Donc le volume engendré par le secteur polygonal régulier aura pour limite

$$\text{zone AB} \times \frac{1}{3} \text{OA}.$$

Par définition, cette limite représente le volume du secteur sphérique ; donc l'énoncé précédent est vérifié.

622. REMARQUE. La sphère entière peut être considérée comme un secteur sphérique ; il suffit pour cela d'imaginer que le secteur AOB qui engendre le secteur sphérique augmente jusqu'à devenir un demi-cercle ; la zone servant de base à ce secteur sera alors la surface engendrée par la demi-circonférence MAN, c'est à-dire la surface de la sphère entière. On conclut de là que le volume de la sphère est égal à sa surface multipliée par le tiers du rayon ; ce qui a été démontré d'une autre manière (614).

Problèmes à résoudre.

1. Quel est le diamètre d'un hémisphère ayant un volume égal à 125 mètres cubes.

2. Trouver le rayon d'une sphère dont le volume est égal à 1^{mc}.

3. Quel est le diamètre d'une sphère dont le volume est égal à celui d'un cube de 5 centimètres de côté.

10.

4. Calculer le rayon d'une balle sphérique de plomb pesant 27 grammes, la densité du plomb étant 11,35.

5. Une bombe sphérique de 32 centimètres de diamètre pèse 72 kilogrammes. Quelle est l'épaisseur de ses parois, sachant que la densité de la fonte est 7,2?

6. Une chaudière de machine à vapeur est formée d'un cylindre terminé par deux calottes hémisphériques et a pour dimensions :

$$\text{longueur de la partie cylindrique : } 3^m,40 ;$$
$$\text{diamètre intérieur : } \qquad 0^m,80.$$

On demande le nombre d'hectolitres d'eau que renfermerait cette chaudière si elle était remplie à moitié.

7. Un ballon sphérique a 36^m de diamètre; quel est son volume et quelle est la surface du tissu qui forme l'enveloppe?

8. Quel est le poids de gaz hydrogène pur qui remplirait un ballon de 25 mètres de diamètre? Quel est le poids de l'air déplacé? On sait que la densité de l'hydrogène rapportée à celle de l'air est 0,0693 et que un litre d'air pèse $1^{gr},293$.

9. Un morceau de cuivre de forme cubique et du poids de $1^{kg},75$ est placé sur un tour et réduit à une sphère dont le diamètre est égal aux 0,75 de la longueur du côté du cube primitif; la densité du cuivre est 8,85; calculer le poids de la tournure de cuivre obtenue.

10. On veut faire avec du taffetas verni qui pèse 250 grammes au mètre carré, un ballon sphérique pouvant contenir 904 mètres cubes de gaz. On demande le poids du taffetas employé.

11. Une boule de verre pèse 1 kilogramme; on demande quelle est la surface extérieure de cette boule, la densité du verre étant 2,38.

12. Trouver le volume d'une sphère dans laquelle on connaît la hauteur et la surface d'une zone. La hauteur est égale à $0^m,47$ et la surface à 2 mètres carrés.

13. Sur une sphère de rayon donné, on considère une zone à deux bases; on donne l'aire de cette zone et la distance de l'une des bases au centre. Trouver le rayon de l'autre base.

14. Un tronc de cône est tel que sa hauteur est moyenne proportionelle entre les diamètres de ses deux bases; faire voir que l'on peut inscrire une sphère dans ce tronc de cône.

15. Inscrire dans une sphère un cône dont l'aire latérale soit équivalente à celle de la calotte sphérique terminée au même cercle.

16. Couper une sphère par un plan tel, que l'aire de la section déterminée par ce plan soit équivalente à la différence des deux calottes dans lesquelles il divise la sphère.

17. Un cylindre a une capacité de 20 décimètres cubes; sa hauteur est égale au diamètre de sa base. Calculer : 1° sa hauteur; 2° sa surface latérale; 3° la surface et le volume de la sphère inscrite dans ce cylindre.

18. Dans un parallélépipède rectangle dont les dimensions sont a, b, c, on empile des sphères égales dont le diamètre est contenu m fois dans a, n fois dans b et p fois dans c. Démontrer que si m, n et p varient tout en restant entiers, la somme des volumes de toutes ces sphères reste constante.

19. Le volume du cylindre circonscrit à une sphère est les $\frac{3}{2}$ de celui de la sphère, et la surface totale est aussi les $\frac{3}{2}$ de celle de la sphère.

20. Une calotte sphérique est équivalente au cercle qui a pour rayon la corde de l'arc qui engendre la calotte.

21. Si un cylindre est circonscrit à une sphère, et qu'on les coupe par des plans parallèles au grand cercle de contact, la zone comprise entre ces deux plans est équivalente à la portion de la surface cylindrique comprise entre ces mêmes plans.

22. Un cône est circonscrit à une sphère donnée, et sa hauteur est double du diamètre de la sphère. Démontrer que son volume est double de celui de la sphère et que sa surface totale est double de celle de la sphère.

23. Étant donné une série de cercles concentriques, on mène dans ces cercles des cordes toutes égales entre elles et parallèles à un diamètre commun. Les volumes engendrés par les segments correspondants en tournant autour du diamètre commun sont équivalents.

24. Circonscrire à une sphère donnée un tronc de cône dont le volume soit à celui de la sphère dans un rapport donné. Trouver le rapport de la surface totale du tronc de cône à celle de la sphère.

25. Étant donné deux sphères, on inscrit dans la première un cône droit à base circulaire dont le côté est égal au diamètre de la base, et l'on circonscrit à la seconde un cylindre. On trouve alors que le volume du cône est la dix-huitième partie du volume du cylindre ; on demande le rapport des rayons des deux sphères.

26. On donne deux sphères tangentes extérieurement et dont l'une a un rayon double de celui de l'autre. A l'ensemble de ces deux sphères on circonscrit un tronc de cône dont on demande le volume et la surface totale, connaissant le rayon de la petite sphère.

27. Les volumes engendrés par un parallélogramme tournant successivement autour de deux côtés adjacents sont en raison inverse des longueurs de ces côtés.

28. Le volume engendré par un triangle tournant autour d'une droite située dans son plan et extérieure au triangle est égal au produit de l'aire du triangle par la circonférence que décrit le point de rencontre des médianes du triangle.

29. Le volume engendré par un segment de cercle tournant autour d'un diamètre est égal aux deux tiers d'un cylindre ayant pour diamètre la corde du segment, et pour hauteur la projection de cette corde sur l'axe.

30. Un triangle équilatéral ABC dont le côté est égal à a tourne autour d'une droite MN située dans son plan et parallèle à l'un de ses côtés BC. Quelle doit être la distance des deux parallèles BC et MN pour que le volume engendré par le triangle tournant autour de MN soit égal à quatre fois le volume engendré par le même triangle en tournant autour de son côté BC.

31. Un triangle ABC tourne autour d'une droite donnée passant par le sommet A ; on demande de mener par ce sommet une droite AD telle que les volumes engendrés par les triangles ABD et ACD soient équivalents.

32. Mener une parallèle à la base d'un triangle, de manière que les volumes engendrés par les deux parties du triangle tournant autour de sa base soient équivalents.

33. Calculer le volume engendré par un octogone régulier tournant autour de l'un de ses côtés.

34. Étant donné un cercle, on lui circonscrit un parallélogramme que l'on fait tourner autour d'une de ses diagonales. On demande : 1° de faire voir que la surface et le volume ainsi engendrés sont proportionnels ; 2° de calculer cette surface et ce volume, connaissant le rayon du cercle et l'aire du parallélogramme.

35. Aux extrémités A et B du diamètre AB d'un demi-cercle on lui mène deux tangentes; on construit ensuite une troisième tangente qui coupe les deux premières aux points C et D. On demande de déterminer cette tangente de manière que le volume engendré par le trapèze ABCD en tournant autour de AB et la sphère engendrée par la révolution du demi-cercle autour de son diamètre soient entre eux dans un rapport donné, celui de m à 1.

36. Un secteur circulaire de 1^m de rayon et dont l'angle est de 120° tourne autour d'un des côtés de cet angle; calculer le volume du secteur sphérique engendré.

37. Un arc de 60° pris dans un cercle de $12^m,86$ de rayon tourne autour du diamètre qui passe par une de ses extrémités; calculer la surface de la zone engendrée et le volume du secteur sphérique qui a cette zone pour base.

38. Quel est le diamètre d'un bassin hémisphérique dont la capacité est égale à un hectolitre.

39. Une sphère, un cylindre et un cône ont des volumes équivalents; de plus, la sphère, la base du cylindre et celle du cône ont des diamètres égaux entre eux et à 3 décimètres. On demande la hauteur du cylindre et celle du cône.

40. Le rayon de la surface des mers supposée sphérique est de 6366198 mètres. On demande à quelle distance peut s'étendre la vue d'un observateur élevé de 50^m au-dessus du niveau de l'eau.

41. AB est le diamètre d'un demi-cercle; on prend un point C sur ce diamètre et sur chacun des segments AC et BC comme diamètre, on décrit un demi-cercle. On demande le volume décrit par la surface comprise entre les trois demi-circonférences lorsque la figure fait une révolution complète autour de AB.

APPENDICE [1]

RELATIONS MÉTRIQUES DANS UN TRIANGLE QUELCONQUE

623. Théorème. *Dans tout triangle, le carré d'un côté opposé à un angle aigu est égal à la somme des carrés des deux autres côtés, moins deux fois le produit de l'un de ces côtés par la projection de l'autre sur le premier* (fig. 140 et 141).

Démonstration. Soit ABC un triangle, dont l'angle C est aigu. Du sommet B j'abaisse la perpendiculaire BD sur le côté opposé AC ; cette ligne se trouve à l'intérieur

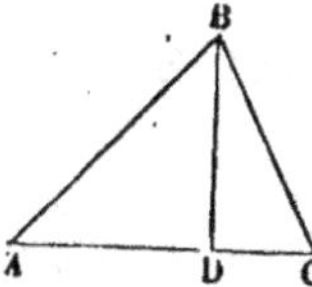

Fig. 140.

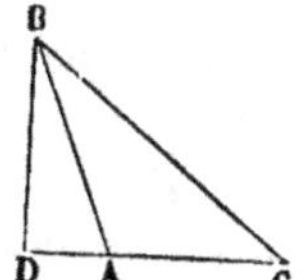

Fig. 141.

du triangle, quand l'angle A est aigu (fig. 140) et à l'extérieur quand l'angle A est obtus (fig. 141).

Dans les deux cas, le triangle rectangle ABD nous donne (244) :

$$\overline{AB}^2 = \overline{BD}^2 + \overline{AD}^2 ; \qquad [1]$$

dans le triangle rectangle BDC, nous avons de même :

$$\overline{BD}^2 + \overline{DC}^2 = \overline{BC}^2 . \qquad [2]$$

[1] Les matières traitées dans cet appendice ne figuraient pas aux programmes de 1882 ; elles ont été introduites dans ceux de 1886 (3e année). Les deux premiers théorèmes ont d'ailleurs été établis par une autre méthode aux n°s 249 et 250.

On a de plus, sur la figure,

$$AD = AC - DC,$$

si l'angle A est aigu, et

$$AD = DC - AC,$$

si l'angle A est obtus ; mais dans les deux cas, on aura

$$\overline{AD}^2 = \overline{AC}^2 + \overline{DC}^2 - 2\,AC \times DC \quad (^1) \quad [3]$$

Ajoutons les égalités [1], [2] et [3] et remarquons que les termes $\overline{BD}^2$, $\overline{AD}^2$ et $\overline{DC}^2$ se trouvent dans les deux membres et se détruisent ; nous aurons alors, toutes réductions faites,

$$\overline{AB}^2 = \overline{BC}^2 + \overline{AC}^2 - 2\,AC \times DC ;$$

C. Q. F. D.

624. Théorème. *Dans un triangle obtusangle, le carré du côté opposé à l'angle obtus est égal à la somme des carrés des deux autres côtés, plus deux fois le produit de l'un de ces côtés par la projection de l'autre sur le premier* (fig. 142).

Démonstration. Soit ABC un triangle dont l'angle C est obtus. Du sommet B j'abaisse la perpendiculaire BD sur le côté opposé AC. Le triangle rectangle ABC nous donne (244) :

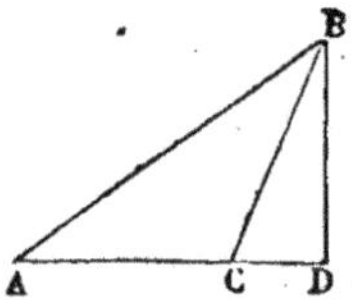

$$\overline{AB}^2 = \overline{BD}^2 + \overline{AD}^2 : \qquad [1]$$

Fig. 142.

on a de même, dans le triangle rectangle BDC,

$$\overline{LD}^2 + \overline{DC}^2 = \overline{BC}^2 . \qquad [2]$$

----

^{1} Nous rappelons ici que *le carré de la différence de deux nombres est égal à la somme des carrés de ces nombres diminuée du double de leur produit. (V. l'Algèbre.)*

La figure 142 nous montre que AD est la somme des lignes AC et DC,

$$AD = AC + DC ;$$

d'où l'on tire, en élevant au carré les deux membres,

$$\overline{AD}^2 = \overline{AC}^2 + \overline{DC}^2 + 2\,AC \times DC\,(^1). \qquad [3]$$

En ajoutant les égalités [1], [2], [3], et en supprimant les termes $\overline{BD}^2$, $\overline{AD}^2$ et $\overline{DC}^2$ qui se trouvent dans les deux membres, on obtient enfin :

$$\overline{AB}^2 = \overline{BC}^2 + \overline{AC}^2 + 2\,AC \times DC ;$$

C. Q. F. D.

625. COROLLAIRE. *Un angle d'un triangle est aigu, droit ou obtus, suivant que le carré du côté opposé à cet angle est inférieur, égal ou supérieur à la somme des carrés des deux autres côtés.*

On le voit de suite en rapprochant les deux théorèmes qui précèdent du théorème sur le triangle rectangle (244).

626. APPLICATION. Les théorèmes précédents permettent de résoudre le problème suivant :

Calculer l'aire d'un triangle dont les trois côtés sont donnés.

Désignons par a, b, c, les trois côtés du triangle et soit a le plus petit (fig. 143). L'angle opposé au côté a sera aigu ; donc, si nous appelons x la projection AP du côté b sur le côté c, nous aurons (623) :

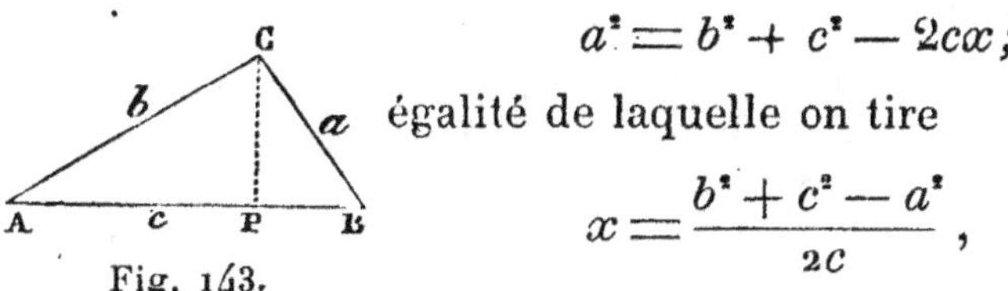

$$a^2 = b^2 + c^2 - 2cx ;$$

égalité de laquelle on tire

$$x = \frac{b^2 + c^2 - a^2}{2c},$$

Fig. 143.

---

^{1} On sait que *le carré de la somme de deux nombres est égal à la somme des carrés de ces deux nombres augmentée du double de leur produit.* (V. l'*Algèbre*.)

Soit h la hauteur qui tombe sur le côté c ; on a :

$$h^2 = b^2 - x^2 = (b + x)(b - x) ;$$

en remplaçant x par la valeur trouvée ci-dessus, on obtient la valeur de h^2 en fonction des trois côtés :

$$h^2 = \left(b + \frac{b^2 + c^2 - a^2}{2c}\right)\left(b - \frac{b^2 + c^2 - a^2}{2c}\right),$$

ou

$$h^2 = \frac{2bc + b^2 + c^2 - a^2}{2c} \times \frac{2bc - b^2 - c^2 + a^2}{2c},$$

$$h^2 = \frac{(b + c)^2 - a^2}{2c} \times \frac{a^2 - (b - c)^2}{2c}.$$

Décomposons en produits de facteurs les différences de carrés qui figurent dans cette expression (¹) et nous aurons

$$h^2 = \frac{(b + c + a)(b + c - a)(a + b - c)(a + c - b)}{4c^2}.$$

D'autre part, l'aire S du triangle est égale à $\frac{1}{2} c \times h$ (235) ; on a donc :

$$S = \frac{1}{4}\sqrt{(b + c + a)(b + c - a)(a + b - c)(a + c - b)}.$$

On peut donner à cette expression de l'aire du triangle une forme plus simple, en y introduisant le périmètre du triangle. Posons, en effet,

---

¹ **On** sait que *la différence des carrés de deux nombres est égale au produit de la somme de ces deux nombres par leur différence.* (**V.** l'*Algèbre.*)

$$a + b + c = 2p,$$

p désignant le demi-périmètre du triangle. Si des deux membres de cette égalité on retranche successivement $2a$, $2b$ et $2c$, il vient :

$$b + c - a = 2p - 2a = 2\,(p - a),$$
$$a + c - b = 2p - 2b = 2\,(p - b),$$
$$a + b - c = 2p - 2c = 2\,(p - c);$$

par suite, l'expression de S peut s'écrire :

$$S = \sqrt{p\,(p - a)\,(p - b)\,(p - c)}.$$

D'où cette règle : *Faites la demi-somme des côtés du triangle, diminuez-la successivement de chacun des côtés, calculez le produit de ces trois différences et du demi-périmètre et extrayez la racine carrée de ce produit; cette racine est égale à l'aire du triangle.*

EXEMPLE. On donne

$$a = 25^{m},$$
$$b = 41^{m},$$
$$c = 32^{m};$$

calculer la surface S du triangle.

En ajoutant les trois côtés, on obtient le périmètre $2p$, qui est égal à 98 mètres. On a alors :

$$p = 49^{m},$$
$$p - a = 24^{m},$$
$$p - b = 8^{m},$$
$$p - c = 17^{m};$$

donc

$$S = \sqrt{49 \times 24 \times 8 \times 17} = 399^{mq},92,$$

à moins d'un décimètre carré près par excès.

REMARQUE. Si le triangle est équilatéral, on a :

$$p = \frac{3a}{2},$$

$$p - a = p - b = p - c = \frac{a}{2};$$

donc

$$S = \sqrt{\frac{3a^4}{16}} = \frac{a^2}{4}\sqrt{3};$$

formule qu'il est facile d'établir directement.

627. THÉORÈME. *La somme des carrés de deux côtés d'un triangle est égale à deux fois le carré de la moitié du troisième côté, plus deux fois le carré de la droite qui joint le milieu de ce côté au sommet opposé* (fig. 144).

DÉMONSTRATION. Soit **M** le milieu du côté **AB** du triangle ABC ; je joins CM et j'abaisse du point C la perpendiculaire CD sur le côté AB. Les angles CMA, CMB sont supplémentaires ; si l'un d'eux est aigu, l'autre est obtus ; supposons que l'angle CMA soit obtus. Appliquons les théorèmes précédents aux deux triangles CMA, CMB ; nous aurons :

$$\overline{CA}^2 = \overline{AM}^2 + \overline{CM}^2 + 2AM \times MD ;$$
$$\overline{CB}^2 = \overline{BM}^2 + \overline{CM}^2 - 2BM \times MD.$$

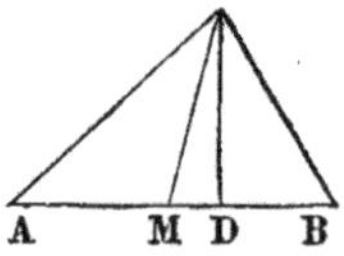

Ajoutons ces égalités membre à membre, en remarquant que les droites AM et BM sont égales ; il viendra :

Fig. 144.

$$\overline{CA}^2 + \overline{CB}^2 = 2\overline{AM}^2 + 2\overline{CM}^2 ;$$

ce qui démontre le théorème énoncé.

628. Remarque. Les lignes qui joignent les sommets d'un triangle aux milieux des côtés opposés s'appellent les *médianes* de ce triangle.

Le théorème précédent permet de calculer les longueurs des médianes d'un triangle dont on connaît les trois côtés. Soient a, b, c les côtés du triangle, m la médiane qui tombe sur le côté c ; on a :

$$a^2 + b^2 = 2\left(\frac{c}{2}\right)^2 + 2m^2 ,$$

d'où l'on tire facilement :

$$m = \frac{1}{2}\sqrt{2a^2 + 2b^2 - c^2} .$$

Exemple. Les trois côtés d'un triangle sont :

$$a = 25^m,$$
$$b = 41^m,$$
$$c = 32^m;$$

calculer la longueur m de la médiane qui tombe sur le côté c.

On a :

$$m = \frac{1}{2}\sqrt{25^2 \times 2 + 41^2 \times 2 - 32^2}$$

$$= \frac{1}{2}\sqrt{3588} = 29^m,95,$$

à moins de $0^m,01$ près par excès.

629. Corollaire. *La somme des carrés des quatre côtés d'un parallélogramme est égale à la somme des carrés de ses diagonales* (fig. 145).

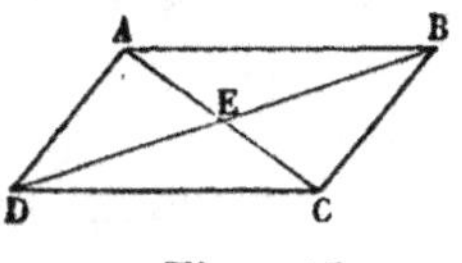
Fig. 145.

Appliquons le théorème précédent aux deux triangles ABD, CBD, dans lesquels AE et CE sont les médianes (112) ; nous aurons :

$$\overline{AB}^2 + \overline{AD}^2 = 2\overline{BE}^2 + 2\overline{AE}^2 ,$$

$$\overline{CB}^2 + \overline{CD}^2 = 2\overline{BE}^2 + 2\overline{CE}^2 ;$$

ajoutons ces égalités membre à membre, en observant que les droites AE et CE sont égales ; nous aurons :

$$\overline{AB}^2 + \overline{AD}^2 + \overline{CB}^2 + \overline{CD}^2 = 4\overline{BE}^2 + 4\overline{AE}^2 .$$

Mais $4\overline{BE}^2$, c'est le carré de 2BE ou de BD ; et de même, $4\overline{AE}^2$ est le carré de AC. Donc

$$\overline{AB}^2 + \overline{BC}^2 + \overline{CD}^2 + \overline{DA}^2 = \overline{AC}^2 + \overline{BD}^2 ;$$

C. Q. F. D.

630. THÉORÈME. *Le produit de deux côtés d'un triangle est égal au produit de la hauteur qui tombe sur le troisième côté par le diamètre du cercle circonscrit au triangle* (fig. 146).

DÉMONSTRATION. Je circonscris un cercle au triangle ABC et je mène le diamètre CD de ce cercle ; puis je joins AD et j'abaisse la hauteur CE sur le côté AB. Les deux triangles CAD, CEB sont rectangles, le premier en A (162), l'autre en E ; ils ont les angles ADC et EBC égaux comme inscrits dans le même segment. Ils sont donc équiangles et semblables (260) et l'on a :

$$\frac{CA}{CE} = \frac{CD}{CB} ;$$

d'où l'on tire

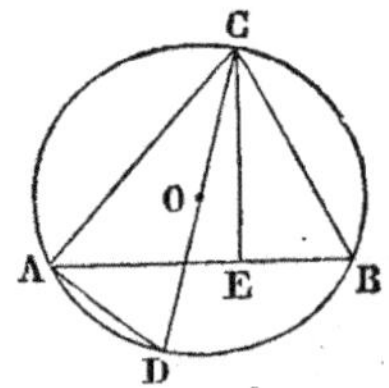

$$CA \times CB = CE \times CD ; \quad \text{C. Q. F. D.}$$

631. COROLLAIRE. *Le rayon du cercle circonscrit à un triangle est égal au produit des trois côtés du triangle divisé par le quadruple de sa surface.*

Je multiplie les deux membres de l'égalité précédente par AB, et j'ai

$$CA \times CB \times AB = AB \times CE \times CD;$$

or le produit $AB \times CE$ est le double de la surface S du triangle, CD est le double du rayon R du cercle circonscrit ; en représentant par a, b, c les trois côtés du triangle, on a donc

$$abc = 2S \times 2R = 4RS;$$

d'où enfin

$$R = \frac{abc}{4S} ; \qquad\qquad \text{C. Q. F. D.}$$

EXEMPLE. Calculer le rayon du cercle circonscrit au triangle dont les côtés ont respectivement 25^m, 41^m et 32^m de longueur.

On a d'abord, comme nous l'avons vu plus haut, $S = 399^{mq},92$; par suite, la formule précédente donne

$$R = \frac{25 \times 41 \times 32}{399,92 \times 4} = 20^m,5,$$

à moins de $0^m,1$ près par défaut.

Problèmes à résoudre.

1. Calculer les hauteurs et les médianes d'un triangle dont les côtés sont égaux à 16^m, 25^m et 39^m.

2. Trouver la hauteur d'un trapèze dont on connaît les quatre côtés.

3. Le lieu géométrique des points tels que la somme des carrés de leurs distances à deux points fixes A et B soit constante, est un cercle dont le centre est le milieu de la droite AB.

4. La différence des carrés de deux côtés d'un triangle est égale au double produit du troisième côté par la projection sur ce côté de la médiane correspondante.

5. Le lieu géométrique des points tels que la différence des carrés de leurs distances à deux points fixes soit constante, est une ligne droite perpendiculaire à celle qui joint les deux points fixes.

6. La somme des carrés des côtés d'un quadrilatère est égale à la somme des carrés des diagonales plus quatre fois le carré de la ligne qui joint les milieux de ces diagonales.

7. Si l'on joint un point M quelconque pris dans le plan d'un triangle ABC aux trois sommets et au point de concours G des médianes, l'on a

$$\overline{MA}^2 + \overline{MB}^2 + \overline{MC}^2 = \overline{AG}^2 + \overline{BG}^2 + \overline{CG}^2 + 3\overline{MG}^2.$$

8. Trouver dans l'intérieur d'un triangle un point tel, que la somme des carrés de ses distances aux trois sommets soit la plus petite possible.

9. Trouver le lieu géométrique des points tels que la somme des carrés de leurs distances aux trois sommets d'un triangle soit constante.

TABLE DES MATIÈRES

LIVRE V

DU PLAN

LIVRE VI

LES POLYÈDRES

LIVRE VII

LES CORPS RONDS

FIN DE LA TABLE DES MATIÈRES

ANGERS, IMP. BURDIN ET Cie, RUE GARNIER, 4.